陕西省普通公路常见水毁
防治实操手册

陕西省公路局　主编

人民交通出版社
北京

内 容 提 要

本手册总结了陕西省普通公路常见水毁防治经验和关键技术，主要内容包括总则、水毁预防、路基水毁修复、路面水毁修复、桥梁水毁修复、涵洞水毁修复、水毁修复技术要点、附件及附录。

本手册可为广大从事公路水毁防治的管理和技术人员提供有益借鉴，也可供各级公路养护管理和技术人员参考。

图书在版编目(CIP)数据

陕西省普通公路常见水毁防治实操手册 / 陕西省公路局主编. — 北京：人民交通出版社股份有限公司，2024. 8. —ISBN 978-7-114-19664-5

Ⅰ. U418.5-62

中国国家版本馆CIP数据核字第2024FZ6859号

Shaanxi Sheng Putong Gonglu Changjian Shuihui Fangzhi Shicao Shouce

书　　名: 陕西省普通公路常见水毁防治实操手册
著 作 者: 陕西省公路局
责任编辑: 陈力维
责任校对: 赵媛媛
责任印制: 刘高彤
出版发行: 人民交通出版社
地　　址: (100011)北京市朝阳区安定门外外馆斜街3号
网　　址: http://www.ccpcl.com.cn
销售电话: (010)59757973
总 经 销: 人民交通出版社发行部
经　　销: 各地新华书店
印　　刷: 北京印匠彩色印刷有限公司
开　　本: 787×1092　1/16
印　　张: 8.75
字　　数: 205千
版　　次: 2024年8月　第1版
印　　次: 2024年8月　第1次印刷
书　　号: ISBN 978-7-114-19664-5
定　　价: 68.00元
(有印刷、装订质量问题的图书，由本社负责调换)

编 委 会

主编单位:陕西省公路局

参编单位:恒万达设计咨询有限公司

长安大学

主　　编:朱　钰

编写人员:李家春　代龙平　张　杰　涂　静　刘　森

陆　超　郭　锐　马保成　苗　垚　金磊科

张艳杰　齐洪亮　金子雍　李　榕　马浩轩

姚蒙阳　李成才　李思哲

审查人员:金宏忠　宋成志　刘祥坤　边世斌　田伟平

李文斌　赵　鹏　马延东　杨　勇　冯学文

谢　举

序

陕南秦巴山区、关中平原、陕北黄土高原等独特的地理环境造就了陕西省地形地貌、气候环境差异大的特点。多年来，全省公路每年均遭遇不同程度的水毁损失，严重影响公路安全运营。陕西公路人“闻汛而动勇担当、向险而行战风雨”，为全力保障人民群众的生命财产安全和平安顺畅出行，长期在公路水毁防治中投入大量人力、物力、财力，也积累了丰富的水毁防治经验。

陕西省公路局结合全省普通公路水毁防治工作，与科研院所合作开展了一系列研究，在公路水毁类型划分、隐患排查与识别、预防性养护、水毁抢险与修复等方面进行了相应的理论研究并取得了一定的应用创新成果。在此基础上，陕西省公路局主持编撰了《陕西省普通公路常见水毁防治实操手册》。本手册通过全面总结水毁防治经验，系统梳理水毁防治成果，将成功经验、理论与实践成果转化为现实生产力，可为各级公路养护管理人员提供便捷实用且操作性强的实施指导，为陕西省普通公路水毁防治提供有效的技术保障。

陕西省自然灾害多发、频发，提高公路防灾、减灾、救灾能力至关重要。本书的出版将为广大从事公路水毁防治的管理和技术人员提供有益借鉴，有利于提升公路水毁防治和灾害风险管控水平，助力公路养护管理高质量发展。

陕西省公路局局长

伍石生

2024年4月

前言

陕西省地处黄河中游、汉江上游，以秦岭为界，北部为温带季风气候区，南部为亚热带气候区，水文、地质条件复杂。北部黄土高原地区水土流失严重，路基及桥梁岸坡极易水毁坍塌；秦巴山区不良地质发育，沟谷纵横，路基边坡及桥梁基础极易被冲刷，导致水毁损失巨大。相关部门虽然建立了"汛前预防、汛中保通、及时修复"的防汛保通工作机制，但各地防治标准不统一，防治措施不尽完善。为进一步提升水毁防治投资效益，规范和指导公路水毁抢险修复工作，依据国家发展和改革委员会、财政部、应急管理部联合发布的《关于做好特别重大自然灾害灾后恢复重建工作的指导意见》（发改振兴〔2019〕1813号）等政策文件，在总结陕西公路水毁防治成功经验和案例的基础上，依据现行相关标准、规范，编制本手册，以指导陕西省普通公路水毁防治工作。

本手册主要针对路基路面、桥梁、涵洞等常见水毁预防与修复技术展开，主要内容由7章、附件和附录组成。第1章总则，第2章水毁预防，第3章路基水毁修复，第4章路面水毁修复，第5章桥梁水毁修复，第6章涵洞水毁修复，第7章水毁修复技术要点。前2章介绍水毁防治总体原则、要求、预防；第3~6章按常见公路水毁结构分章，根据水毁特征、规模等分类总结了水毁防治成功做法；第7章对水毁修复技术进行了要点叙述。文字说明结合典型治理图示例，力求简明易操作。附件是本手册的重要内容，梳理总结出常见水毁防治典型方案，提供相关水毁修复方案图以供参考。附录为陕西省交通运输厅印发的《陕西省普通干线公路防汛和水毁修复工作管理办法》（陕交发〔2024〕35号）。

编　者

2024年6月

目录

1 总则

1.1 编制目的

为规范和指导普通公路水毁防治工作,提升公路基础设施抗灾能力,结合陕西省水文、地质环境条件,依据相关标准、规范编制本手册。

1.2 适用范围

本手册适用于陕西省普通公路常见水毁的预防和修复。

1.3 总体原则

1.3.1 遵循因地制宜、技术可行、安全耐久、经济合理、绿色环保、方便实施的基本原则。

1.3.2 水毁修复工程应充分利用既有公路线位和现有设施,维修加固受损构造物,完善支挡防护工程、排水工程及交通安全设施等,并做好与既有设施的衔接处理。

1.3.3 水毁发生后应通过现场调查,掌握公路水毁病害情况,同时搜集原有公路设计、建设和养护等基础资料,根据水毁形态、成因,结合公路水毁灾害评估,确定科学合理的水毁修复方案。

1.3.4 水毁修复工程原则上按现行标准、规范进行修复,同时不得低于原标准。

1.3.5 水毁修复方案应统筹考虑路基防护水毁伴随的路面、护栏、排水设施等损毁,以恢复公路整体服务性能为目标。

1.3.6 在水毁抢修方案制订时,应充分利用既有公路设施,应尽量考虑能够在修复时利用新修便道等,并应考虑区间交通保障。

1.3.7 水毁抢修、修复的方案制定应注重环保,坡面防护尽量采用植物防护,尽量做到材料循环利用、弃渣合理,充分体现"不损坏或少损坏即是最大的保护"。

1.3.8 水毁修复工程应积极稳妥采用新技术、新材料、新工艺和新设备。

2 水毁预防

2.1 一般要求

各单位应遵循“预防为主，防治并重，及时处治，统筹兼顾”的原则，认真分析总结历年所辖公路水毁隐患成因、特征及处治经验，及时采取有效措施预防水毁发生、发展。

2.2 水毁汛前排查

2.2.1 结合每年4月安全隐患排查，开展公路设施水毁隐患专项排查，建立水毁隐患台账清单。

2.2.2 排水设施重点排查路基边沟、排水沟、急流槽、截水沟和涵洞等排水系统是否完善，是否早接远送、有效截排；排查桥梁桥头引道、锥坡护坡和隧道进出口边仰坡设置的排水设施是否完善有效；排查各类排水设施是否存在破损失效、淤积堵塞、积水引排不畅等状况。

2.2.3 路基重点排查路基防护设施基础是否存在冲刷掏空和倾覆、变形、鼓肚、沉降等病害；排查路基局部是否出现不均匀沉降、坍塌、滑移、错台开裂等病害；排查路基上下边坡是否有开裂、滑塌等征兆；排查公路沿线河道有无采砂取石、侵占压缩河道、修建碍洪建筑物等行为。

2.2.4 桥梁重点排查桥梁桩基是否外露或有缩颈、露筋及钢筋锈蚀严重情况；排查桥梁墩台、调治构造物、护岸、引道、护坡等防护物结构是否完好，基础是否冲空或损坏；排查桥梁上下游是否存在侵占压缩河道、违规采砂取石和修建的拦水坝等构造物危及公路设施安全的行为。对河床比降大、基础易冲刷的桥梁要加大检查频率，深水桩基应每三年至少开展一次专项检查。

2.2.5 隧道重点排查隧道进出口边仰坡是否存在滑塌、崩塌等征兆及其发展趋势；排查边仰坡防护设施、洞门墙结构是否存在倾斜、沉降、鼓肚、开裂等不稳定情况。

2.3 路基水毁隐患预防性养护

2.3.1 应坚持雨天上路巡查，根据水毁隐患排查及日常巡查结果，采取预防性养护措施。

2.3.2 易水毁路段路基或边坡应保持平顺、坚实，发现隐患宜及时查明原因，针对诱因采取预防性措施。

(1)坡面或路基顶部裂缝:用黏土封填坡面、土路肩裂缝;及时采用密封胶灌缝或贴缝胶贴缝的方式修补路面裂缝,以减少地表水进入路基内部。

(2)路基小缺口:对于坡脚冲刷造成的隐患,一般采用护坡、路肩墙等防护措施,具体参照本手册第3.2.4节、第3.2.5节进行修复;对于路肩稳定性不足造成的隐患,可清理松散填料后采用合格填料分层回填压实。

(3)路基滑移:当路基因地表及地下水诱发形成滑移隐患时,宜完善或修复排水系统,减少降雨及地表水入渗;对已出现的裂缝进行封闭处理。

(4)上边坡危石:及时清除上边坡零星危石。

2.3.3 路基防护水毁隐患的预防性养护措施。

(1)路基防护基础局部外露或掏空:掏空部分采用微膨胀混凝土修补,并根据严重程度设置护基、护坦、石笼进行冲刷防护,具体参照本手册第3.3.5节进行修复。

(2)挡土墙墙身病害:及时修复沉降缝、伸缩缝病害;对出现的裂缝及时采用水泥砂浆修补;对发生灰缝脱落的,应清除缝内杂物,重新用水泥砂浆勾缝。

(3)挡土墙上部垮塌:可清理破坏面后按原结构形式修复。

(4)防护结构局部破损:及时用原结构形式修复或用混凝土修复。

(5)挡土墙泄水孔堵塞:及时疏通排水不畅的泄水孔,对失效的泄水孔可采用扩孔后插入排水管的方式处理。

2.3.4 排水系统水毁隐患的预防性养护措施。

(1)地表径流未进入排水系统:应完善地表截排水系统,将流向路基或边坡的地表径流拦截并排导至路基影响范围之外。

(2)排水设施破损:依原结构及时修补,或拆除局部破损段后采用混凝土进行修复。

(3)渗漏导致基底变形:将地基挖开,回填并夯实基底,加铺隔水土工布,按原结构形式修复排水沟槽。

(4)排水设施淤积:及时清除淤积。

(5)出口未自然衔接:延长排水沟、急流槽至自然沟道,或增设消力池、散水。

(6)出口冲刷:增设消力池等消能设施。

(7)连续式混凝土护栏未设置泄水孔:可采用钻孔、切割等方式增设泄水孔。

2.4 涵洞水毁隐患预防性养护

涵洞的洞口应保持清洁,发现杂物堆积应及时清除。涵洞内应保持排水畅通,发现淤塞应及时疏通。发现涵洞水毁隐患,宜采取以下预防性养护措施:

(1)进口淹没和堵塞:发现淹没隐患应首先疏通洞身、出口,并根据进口地形条件引导主流顺利进入涵洞。山岭区洪水中挟带泥沙、杂物时,可在涵洞进水口上方设置拦截栅或钢丝网,以拦截滚石和树枝、杂草等,避免其堵塞涵洞。

(2)进口长期积水:回填低洼处,使高程大于涵洞进口底部高程;当回填工程量较大时,可于上游设截水沟拦截地表水并引入涵洞。

(3)洪水斜冲洞口:采用在洞口两侧增加抛石等冲刷防护措施,疏导上游沟道使主流方向与涵洞轴线一致,以使主流顺利进入涵洞。

(4)洞身裂缝:对于发展趋势不明显的裂缝,应凿开裂缝附近区域并清理干净,采用水泥浆进行修补至密实平整;当裂缝深度较大时,应将其冲洗干净,再向缝隙中压注水泥浆并修理平整,必要时可压注环氧砂浆密封。

(5)洞身破损渗漏:对于洞身的空洞、蜂窝、麻面、表面风化、剥落和原涵洞铺底损坏等,应先将松散部分清除,再用高强度混凝土或水泥砂浆进行修补。新补的混凝土要密实,与原结构应结合牢固,表面平整。

(6)出口排水不畅:清除出口各种堆积物,保证水流畅通。

(7)出口冲刷:对于轻微的冲刷,可增设抛石防护或适当延长出口排水沟;若存在基础出露情况,采用浆砌片石或混凝土对涵洞基础冲空部位进行填实,根据需要填实后涵洞基础应比原基础宽10~20cm,必要时可增设端部截水墙、排水沟。

2.5 桥梁水毁隐患预防性养护

发现桥梁水毁隐患,应参照本手册相应水毁类型的工程措施进行修复,对于轻微病害宜采取如下预防性养护措施:

(1)桥梁防护结构病害:对原有防护结构病害,原则上按照原结构修复并在局部冲刷严重处采取适当抛石的方式进行防护。

(2)桥头路基边坡冲刷:由路面集中水流导致的冲刷,通过修复或增设急流槽引排路面汇水。

(3)锥坡损坏:修补锥坡裂缝、局部破损,在坡脚处适当抛石防护。

(4)桥台、桥墩局部冲刷:抛石或抛混凝土预制块防护。

(5)河床下切引起桥墩基础外露:因河床整体下切造成的轻微冲刷,可预防性地在桥墩根部采用石笼围护。

2.6 隧道水毁隐患预防性养护

发现隧道水毁隐患,宜采取如下水毁预防性养护措施:

(1)及时处治隧道洞内外路面、排水、防护等设施的损坏,及时清理边仰坡危石、滑(溜)塌等危及行车安全的隐患。

(2)对于洞门墙及边坡防护设施结构变形、开裂等不稳定情况可参照本手册第2.3.3节路基挡土墙预防性养护措施。

3 路基水毁修复

受降雨地表径流、入渗和河流水流冲刷的作用,路基水毁主要表现为上边坡碎落崩塌、路基边坡浅层滑塌、路基沉陷、挡土墙结构失稳和排水设施损坏等。

3.1 一般要求

3.1.1 公路路基的水毁修复应满足强度、稳定性和耐久性的基本要求。

3.1.2 应根据地质条件、病害类型及严重程度、地下水类型及埋藏深度、降水量、材料来源、施工可行性等,经比选后确定合理的处治措施。

3.1.3 路基水毁修复应与当地地形地貌和生态环境相吻合,力求做到公路工程与地形环境成为和谐整体,因地制宜、就地取材。

3.1.4 沿河冲刷修复应遵循“顺应水势、因势利导”的原则,即顺应洪水流势,通畅泄洪,逐渐消耗洪水动能,改变冲刷水流方向,最终使洪水平稳地流向下游。

3.1.5 应根据实际情况,做好路基排水设施与路面、桥隧等的排水设施的衔接,形成完善的排水体系。采取防、排、截相结合的综合排水措施,拦截进入路界的地表水,排除路基内自由水。排水设施进出口应做到“早接远送”,与天然河道或沟道自然衔接。

3.1.6 挡土墙原则上采用三种材料:浆砌片石、片石混凝土、水泥混凝土。浸水挡土墙常水位上1m以下的墙体用(片石)混凝土,常水位上1m以上的墙身采用浆砌片石。片石采购困难时亦可整个墙体采用(片石)混凝土。浸水挡土墙基底埋深原则上不小于河床下2m,顶冲和河道比降较大路段原则上不小于河床下2.5m或嵌入基岩不小于0.6m。

3.2 一般路基水毁修复

3.2.1 上边坡碎落崩塌

碎落崩塌是指路基较陡、上边坡风化破碎较严重的岩体或土体在重力和其他外力(如水等)共同作用下突然脱离母体,崩落、滚动、堆积在坡脚的现象。降雨入渗至岩土体裂隙,会加剧边坡的碎落崩塌,从而造成路面破损、排水设施损坏,危及通行安全。

根据工程地质和地形条件,碎落崩塌宜采取以下工程措施:

(1)对于坡面上存在的小规模危岩体或危石(图3.1),最有效的措施是清除,同时清理坡脚碎落及崩塌的堆积体。

a)坡面危岩体

b)坡面危石

图3.1　上边坡危岩体

(2)对于泥岩页岩与砂岩互层上边坡,存在崩塌落石隐患的,根据现场情况宜采取以下修复措施:

①当坡脚软弱结构层厚度小于4m时,在坡脚设置路堑墙,墙顶紧抵上部硬质岩底部。图3.2为砂泥岩互层坡脚防护照片及修复方案示意图。

a)修复后照片　　b)修复方案横断面示意图

图3.2　砂泥岩互层坡脚防护(尺寸单位:cm)

②当坡脚软弱结构层厚度在4~10m之间时,在坡脚设置路堑墙,墙身外露高度宜采用1.5~2m。上部软弱结构层范围边坡坡度陡于1:0.75时采用实体护面墙,边坡坡度缓于1:0.75时采用拱形骨架护坡。图3.3为坡脚以泥岩为主的碎落崩塌水毁修复前后照片,图3.4为相应水毁修复方案示意图。

③当坡脚软弱结构层厚度大于10m时,建议进行专项设计。

(3)对于坡面节理裂隙较发育、岩体结构破碎、坡体整体稳定的岩石边坡,边坡坡度陡于1:0.75,采用主动防护系统(图3.5)或引导防护系统;边坡坡度缓于1:0.75,采用被动防护系统。被动防护系统设在坡脚时,宜设置在基岩上或坡脚路堑墙顶部,墙身外露高度2~4m,以保证拦截高度,如图3.6所示。

a)修复前

b)修复后

图3.3 坡脚以泥岩为主的碎落崩塌水毁修复前后

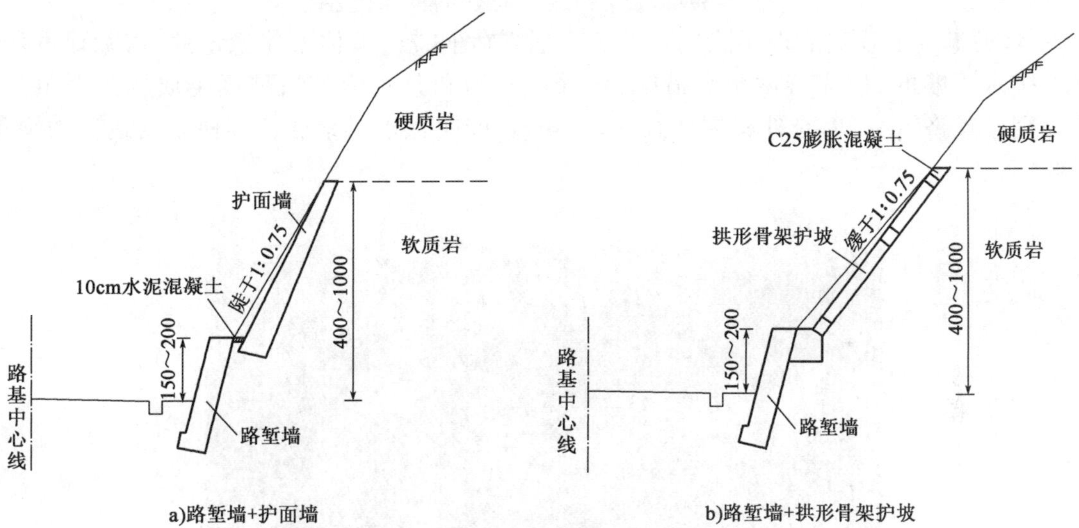

图3.4 坡脚以泥岩为主的碎落崩塌修复方案示意图(尺寸单位:cm)

图3.5 主动防护网

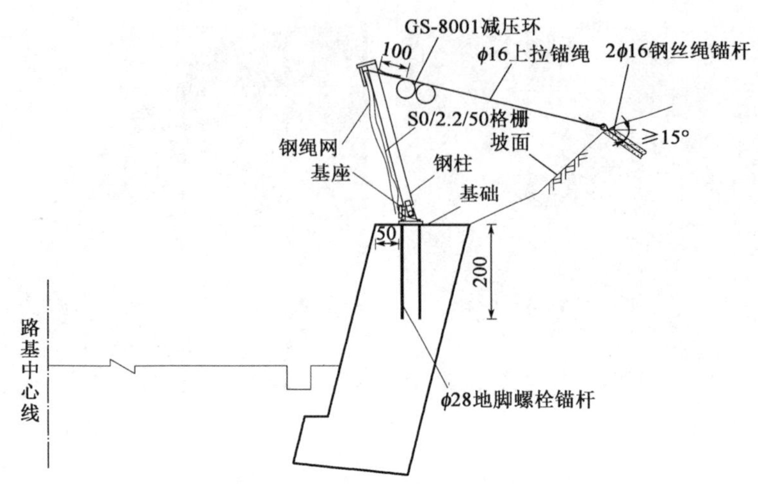

图3.6　被动防护系统横断面示意图(尺寸单位:cm)

(4)对于黄土垂直节理裂隙发育的黄土崩塌(图3.7),坡体整体稳定的,清除塌方体;坡顶排水不畅的,应完善截排水措施(坡顶截水沟和急流槽等);坡面土质剥落严重的,坡脚宜设置路堑墙,墙身外露高度宜为2~4m。坡面宜采用紫穗槐等根系发达植物绿化固坡。

图3.7　黄土崩塌

3.2.2　上边坡浅层滑塌

上边坡浅层滑塌是指路基上边坡在降雨的侵蚀入渗作用下浅层土体或坡积层滑动坍塌的现象。

根据工程地质情况,上边坡浅层滑塌处治宜采取以下工程措施:

(1)对于碎石土、黄土或砂性土等土质边坡浅层滑塌,清理塌方体后,在坡脚设置路堑墙,一般情况下墙身外露高度为2~4m;若路堑边坡破坏后的影响区域内有房屋、被交道路、高压输电塔等时,可根据实际情况调整墙高。路堑墙采用浆砌片石,亦可采用(片石)混凝土。坡体渗水量较大路段,路堑墙可水平间隔3m设置0.8~1m矩形排水洞,洞内手摆片石填充,以利于坡体地下水渗出。图3.8和图3.9分别为土质上边坡浅层滑塌水毁设置路堑墙和路堑墙增设排水洞。

a)浅层滑塌水毁照片

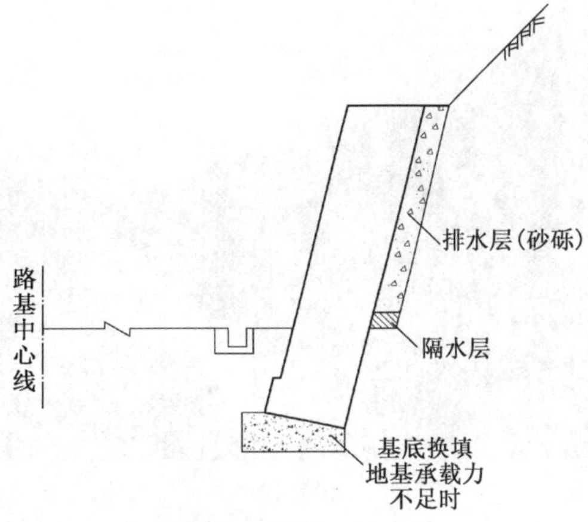

b)路堑墙方案横断面示意图

图3.8 土质上边坡浅层滑塌水毁设置路堑墙

a)修复前

b)修复后

图3.9 土质上边坡浅层滑塌水毁修复路堑墙增设排水洞

(2)对于膨胀土边坡浅层滑塌，清除塌方体后，在坡脚设置石笼式挡土墙、路侧设置盲沟、坡面设置支撑渗沟，同时做好地表排水设施。一般情况下石笼式挡土墙外露高度宜采用2.5m，盲沟最小纵坡不宜小于0.5%，支撑渗沟间距宜采用8m，渗沟出水口应高出地表排水设施常水位0.2m以上。每级边坡下部应设置1道仰斜式排水孔，孔长度宜不小于6m，出水口伸入渗沟内不小于1m。图3.10为膨胀土浅层滑塌修复前后照片，图3.11为支撑渗沟方案横断面示意图。

(3)对于岩体松散、破碎的强风化千枚岩或片岩发生浅层滑塌(图3.12)，坡面整体稳定，清理塌方体后，在坡脚设置路堑墙。结合现场情况，一般情况墙身外露高度采用3～4m。有条件的可在挡土墙后设置不小于1.5m宽的碎落台，墙顶高出碎落台0.5m以拦渣，墙顶高出部分宽度宜大于或等于0.5m，如图3.13所示。坡体内渗水量较大路段，路堑墙宜水平间隔3m设置0.8～1m矩形排水洞，洞内手摆片石填充，以利于坡体内渗水的排出。若坡面上部仍存在大量危岩体或松散体，建议进行专项设计。

a)修复前

b)修复后

图3.10　膨胀土浅层滑塌水毁修复前后

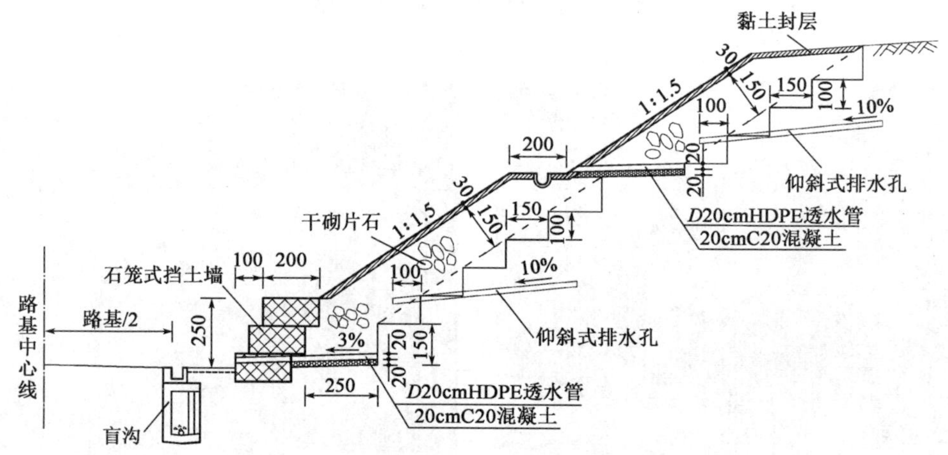

图3.11　支撑渗沟方案横断面示意图(尺寸单位:cm)

a)水毁现场照片一

b)水毁现场照片二

图3.12　千枚岩浅层滑塌水毁

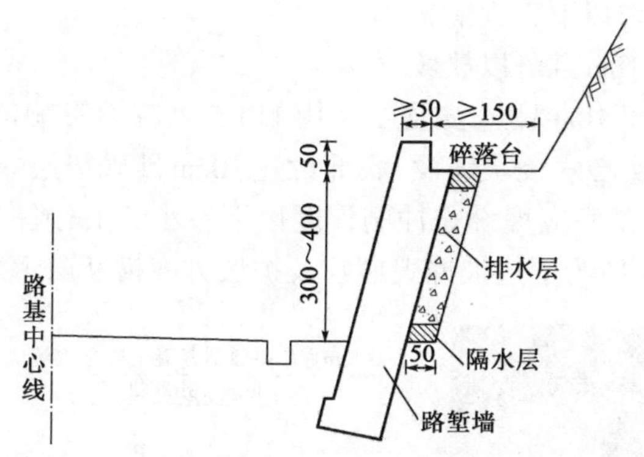

图3.13 千枚岩浅层滑塌修复方案横断面示意图(尺寸单位:cm)

3.2.3 土质上边坡径流冲沟

上边坡径流冲沟是指因排水系统不完善或坡面塌方体堵塞截水沟,地表水汇流或溢流造成坡面冲刷,形成的坡面冲沟。

宜采取的工程措施为:清除松散土体后,当冲沟长度不大于5m时,码砌土袋填塞冲沟;当冲沟长度大于5m时,坡脚宜设置1.5~2.5m路堑墙,码砌土袋填塞冲沟,平顺坡面后,宜设置拱形骨架护坡。同时完善地表排水设施(坡顶截水沟、平台截水沟和急流槽等),将水引入边沟或涵洞。图3.14为上边坡径流冲沟水毁修复前后照片。

a)修复前

b)修复后

图3.14 上边坡径流冲沟水毁修复前后

3.2.4 下边坡冲毁

临河的土质或强风化石质下边坡,坡面未设置防护结构物,抗冲刷能力差,尤其在河湾、对岸挑流、支流汇入等地段,坡脚受到冲刷不稳而致路基边坡垮塌,在河流不断地冲刷作用下,造成路基损毁。

结合河道行洪断面、边坡高度和邻近完好路段的路基防护形式,合理选用沿河路基防护措施(如护坡、路肩墙、路堤墙等),宜采用与紧邻路段相同的路基防护形式。防护工程基底地质若为软基、虚方时,处理方案详见本手册第7.2.1节。

根据现场情况，宜采取以下工程措施：

(1)边坡高度不大于10m且可以放坡。

①当边坡高度不大于10m且边坡坡度采用1∶1.5放坡不影响河道行洪断面时，宜采用30cm厚C30预制混凝土实心六棱块铺设，底部设置10cm砂砾垫层。护坡高度应高出设计洪水位1m以上，上部植草，基底应埋设在冲刷深度以下不小于1m或嵌入基岩内。护坡应与上下游岸坡平顺衔接。图3.15为下边坡冲毁照片及护坡方案横断面示意图。

a)下边坡冲毁照片

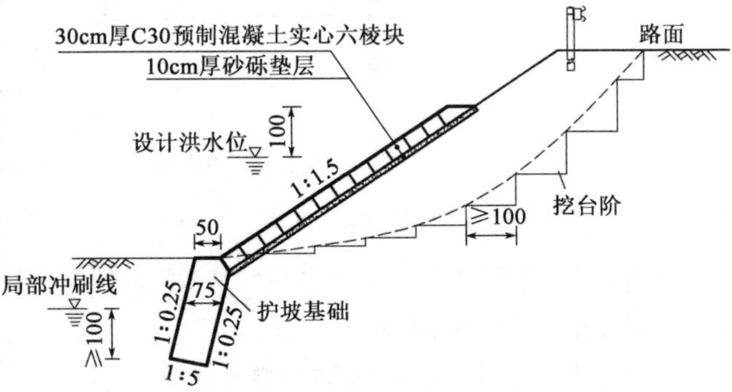

b)护坡方案横断面示意图

图3.15　下边坡冲毁设置护坡(尺寸单位:cm)

②当临河路基受河流冲刷而出现亏坡时，对于河流较深且亏坡高度不大于10m、放坡不影响河道行洪的路段，可采取石笼防护。坡脚采用大石块回填，应高出河流常水位0.5m并采用铁丝编网稳固石方回填体。坡脚设置的石笼伸入基底，埋置深度不小于0.5m，石笼摆放每层高1m，上下层之间错台宽1m，石笼总高度不大于6m。图3.16为下边坡路基亏坡照片及石笼防护横断面示意图。

a)下边坡路基亏坡照片

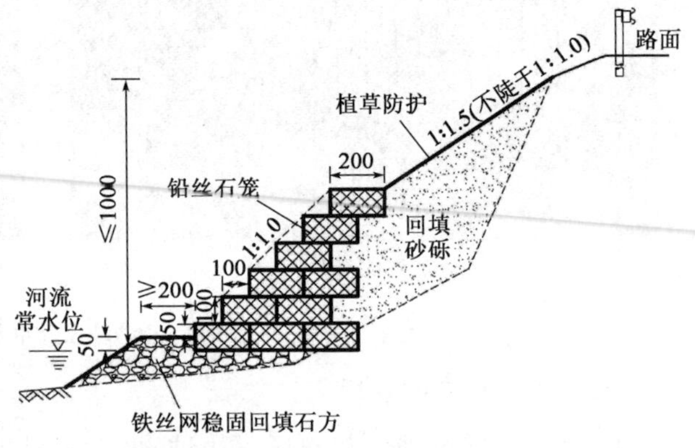

b)石笼防护横断面示意图

图3.16　下边坡路基亏坡设置石笼防护(尺寸单位:cm)

(2)当边坡高度不大于10m，但采用放坡会影响河道行洪时，可采用仰斜式路肩墙，挡土墙基底应埋设在冲刷线以下不小于1m或嵌入基岩内。为减少对稳定路基的扰动，亦可增设护坦改善抗冲刷能力，以减小路肩墙埋置深度。图3.17为下边坡冲毁照片及仰斜式路肩墙横断面示意图。若为表层土体溜塌，下部地形横坡不陡于1∶0.75的原状密实土质路段，为保证水毁修复期间车辆安全通行,路肩墙可采用护坦式基础,以减小挡土墙高度。护坦式基础采用(片石)混凝土,与挡土墙基础浇筑成整体,厚度宜为0.6m,水平面板宽度不小于1m,埋入河床以下不小于1m,垂墙底部应埋设在冲刷深度以下不小于1m,如图3.18所示。

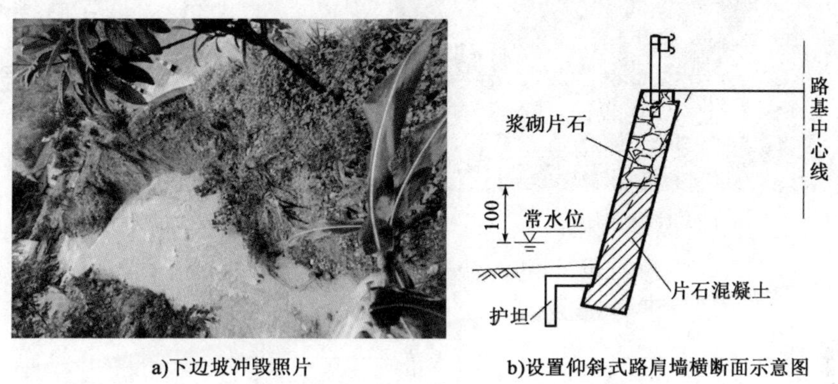

a)下边坡冲毁照片　　b)设置仰斜式路肩墙横断面示意图

图3.17　下边坡冲毁设置仰斜式路肩墙(尺寸单位:cm)

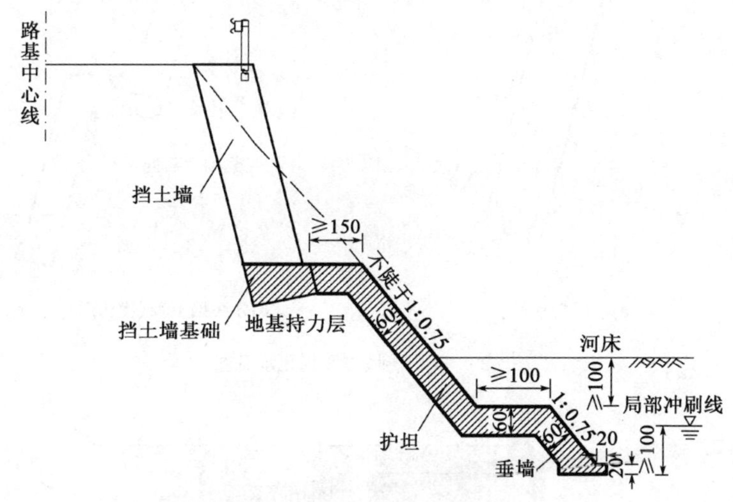

图3.18　挡土墙护坦式基础(尺寸单位:cm)

(3)当边坡高度大于10m且小于14m时,采用仰斜式路堤墙,但不应影响河道行洪。图3.19为下边坡冲毁照片及路堤墙方案断面示意图。

(4)当边坡高度大于10m且小于16m,路基边坡冲毁后坡面基岩出露且单级挡土墙过高或襟边宽度不足时,可结合地形条件设置分级挡土墙,上部挡土墙基础应嵌入基岩内,如图3.20所示。

(5)当位于斜坡处的路基滑塌缺口下边坡达到16 m或更高且无基岩时,宜采用桩基加钢筋混凝土承台和混凝土路肩矮墙的措施。

(6)当地形地质条件受限无法采用护坡、路肩墙、路堤墙和分级挡土墙时,可考虑采用桩基挡土墙、扩大基础挡土墙、泡沫轻质土、设桥跨越、调整线位等措施,但应进行专项设计。图3.21为泡沫轻质土处治方案示意图。

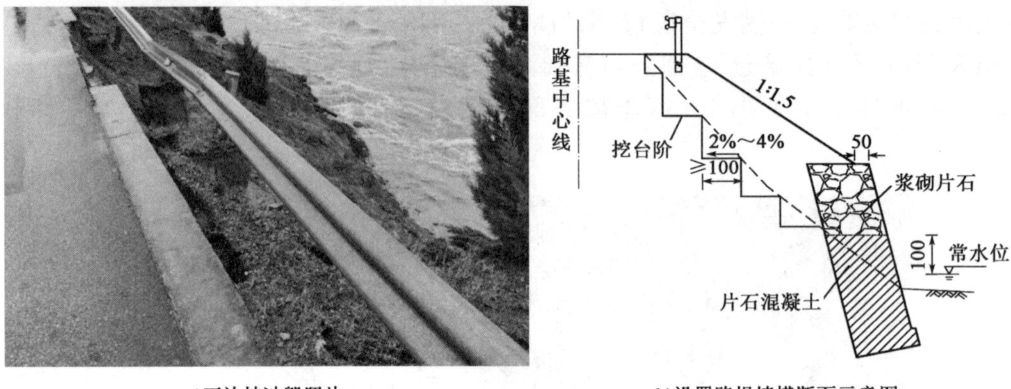

a)下边坡冲毁照片　　b)设置路堤墙横断面示意图

图3.19　下边坡冲毁设置路堤墙(尺寸单位:cm)

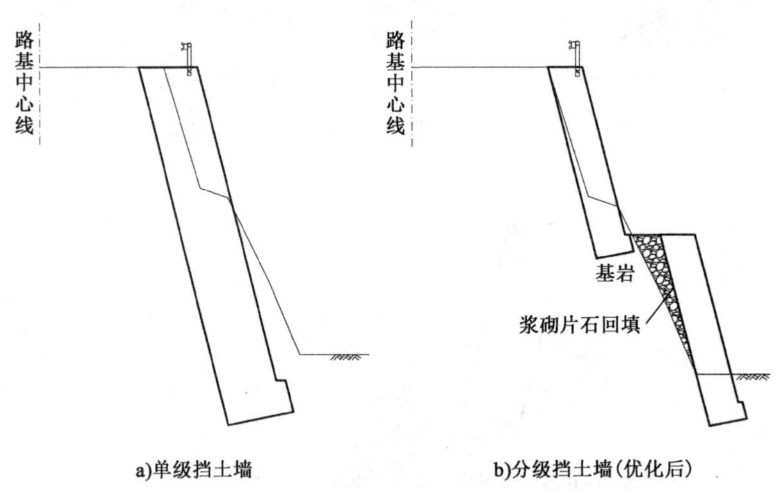

a)单级挡土墙　　b)分级挡土墙(优化后)

图3.20　高挡土墙方案优化示意图

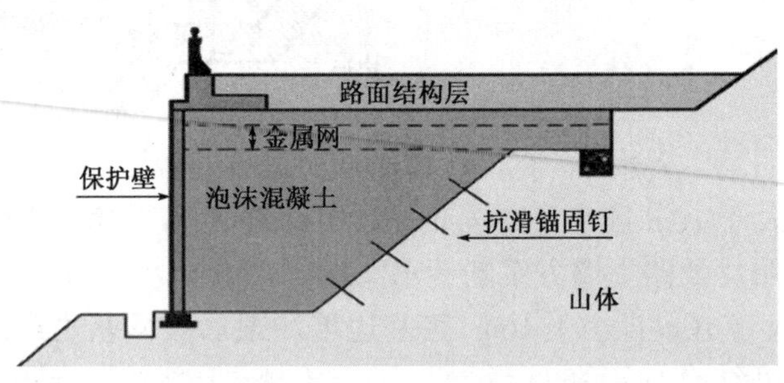

图3.21　泡沫轻质土处治方案示意图

3.2.5　下边坡径流冲沟与垮塌缺口

弯道超高内侧路面水集中汇流,冲刷土质下边坡,易在下边坡形成冲沟或造成下边坡垮塌。而平直路段多因降雨入渗,导致土体抗剪强度降低,加之车辆荷载的作用,造成下边坡浅层垮塌,并引起路面出现裂缝。

根据地形地质条件,宜采取以下工程措施:

(1)对于原有填方路基边坡受水流冲刷造成的路基缺口,清除疏松土体后,放坡分层回填碾压,坡面进行植草防护。

(2)受地形、地物(如房屋、被交路等)限制,下边坡无法放坡回填需收缩坡脚的路段,宜采用挡土墙,如图3.22所示。地面横坡缓于1:1时采用仰斜式[图3.22b)],地面横坡陡于1:1时采用衡重式[图3.22c)]。当墙高度大于12m时,宜采用如图3.22d)所示的挡土墙,坡脚有冲刷时可设扩大基础,挡土墙承载力不足时宜做桩基础或复合桩基础。

(3)当地形地质条件受限,无法采用放坡、路肩墙、路堤墙时,可考虑采用桩基挡土墙、加筋土挡土墙、泡沫轻质土、设桥跨越、调整线位等措施,但应进行专项设计。

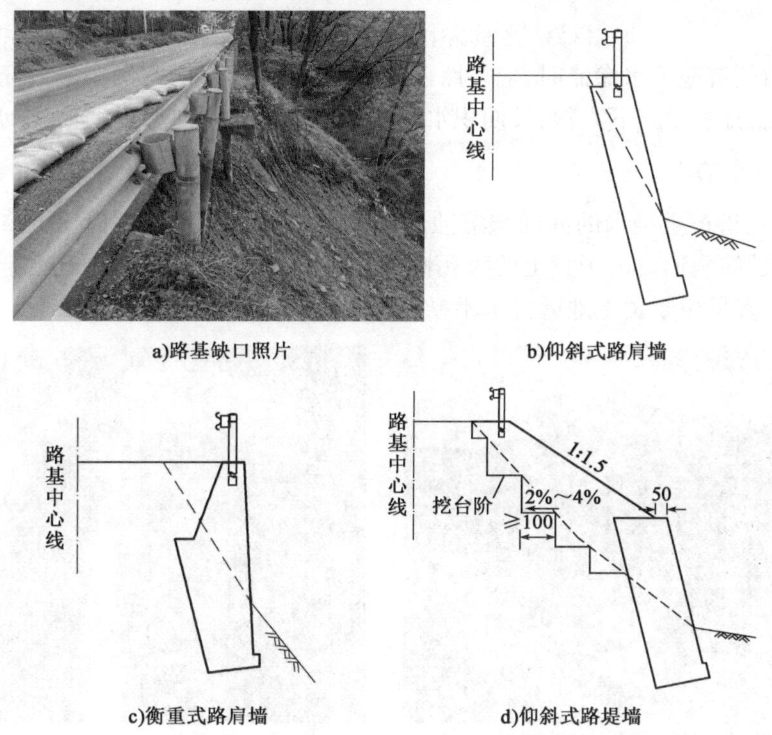

a)路基缺口照片　b)仰斜式路肩墙

c)衡重式路肩墙　d)仰斜式路堤墙

图3.22　路基缺口设置挡土墙(尺寸单位:cm)

3.2.6　路基沉陷

路基沉陷是指路基在垂直方向产生较大的沉落。造成路基沉陷的常见原因为路基填土压实不足、地表水入渗或地下水聚积升高等。

根据水毁成因、地质状况,宜采取以下工程措施:

(1)首先对路基沉陷处开挖探坑,判定湿软土厚度。当湿软土厚度小于或等于2m时,挖除软土采用透水性材料进行换填;当湿软土厚度大于2m且小于或等于4m时,上部挖除1m后进行抛石挤淤,待块石、片石稳定后,再回填透水性材料;当湿软土厚度大于4m时,应进行桩基加固等专项设计,如水泥干拌碎石桩、灰土挤密桩、钢管桩、水泥搅拌桩等。当湿软土厚度小于或等于4m时亦可采用土壤加固剂进行改良。如果是地表水浸泡导致的路基沉陷或属于压密型沉陷,只挖除路面结构或挖除上路床进行砂砾或碎砾石填筑。图3.23为路基沉陷照片及换填处理横断面示意图。

a)路基沉陷照片

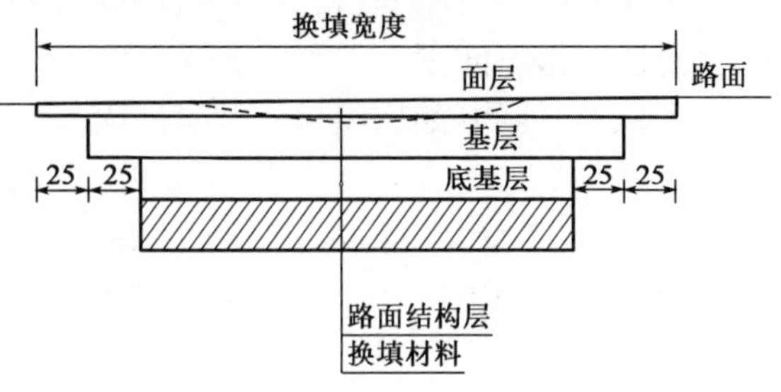

b)路基换填处理横断面示意图

图3.23　路基沉陷换填处理方案(尺寸单位:cm)

(2)当靠山侧有地下水渗流时,应在路侧设置纵向盲沟,纵向盲沟应接入涵洞或横向盲沟排离路基。对于排水设施不完善、长期积水导致的路基沉陷,还应完善地表排水设施。

3.2.7　路基陷穴

路基陷穴是指黄土经水的冲蚀与溶蚀形成暗沟、暗洞、暗穴等,引起的路基陷落或空洞,多呈“上小下大”的洞形。由于黄土的大孔性和湿陷性,降水浸入极易造成黄土填料的路基产生陷穴和穿孔,多发生于黄土地区排水不畅路段,如图3.24所示。

a)路基空洞

b)路基陷落

图3.24　路基空洞或塌陷水毁

路基陷穴处治宜采取以下工程措施:

(1)对于深度在3m以内的路基空洞或塌陷,挖除松散土体后,重新填筑路基,修复及完善排水设施。路床范围内采用5%水泥土或6%石灰土,其余范围采用3%水泥土或5%石灰土。路基范围亦可采用泡沫轻质土进行回填。

(2)对于深度在3m以上的路基空洞或塌陷,应根据地质勘察结果确定修复措施,如注浆、开挖导洞等。

3.2.8　路基横向冲断

路基横向冲断一般是指由于涵洞孔径偏小或涵洞淤积等造成涵洞功能丧失或者未设置涵洞的路段,因暴雨期间小型沟道洪水骤增造成路基全幅冲毁的现象,多发生于冲沟正对路基处,如图3.25所示。

图3.25　路基横向冲断水毁

宜采取的工程措施为：对不满足泄洪要求的涵洞进行拆除新建并适当增大涵洞跨径，在未设置涵洞的冲沟口增设涵洞或涵管，回填路基冲毁部分并完善排水设施。新建涵台后应设置路基过渡段，过渡段路基压实度应不小于96%。

3.2.9　路侧积水

路侧积水是指因公路运营期间路侧地形地貌发生变化，路侧地势高于路面，又缺少边沟，导致雨水汇集在路侧，影响行车安全。同时雨水下渗会造成路基湿软，影响路基稳定。

宜采取的工程措施为：当路侧地势高于路面时，属于土埂的予以铲除，属于缺少边沟的增设边沟，就近引入排水系统。对于边沟无法排离的增设管道排水，管道施工宜采用定向钻、顶管法或明开挖施工方案。图3.26和图3.27分别为一般路段和过村镇路段路侧积水修复前后照片。

a)修复前

b)修复后

图3.26　一般路段路侧积水水毁修复前后

a)修复前

b)修复后

图3.27　过村镇路段路侧积水水毁修复前后

3.3 既有防护与支挡结构物水毁修复

受降雨影响,因雨水下渗、河流冲刷及边坡落石等造成既有防护与支挡结构物破损的,应及时修补,防止水毁进一步扩大造成结构物失稳或路基冲毁导致的交通中断。对于损坏的支挡防护工程宜参照原有结构类型进行恢复并做好与既有防护设施的衔接处理。对于冲刷严重、影响结构安全和路基稳定的支挡防护设施,为减少支挡工程基础冲刷、防止基础外露,可通过设置石笼、护基、护坦等措施增强主体工程的防灾能力。挡土墙病害修复后应及时完善排水设施,防止水流对挡土墙的继续破坏。

3.3.1 挡土墙轻度裂缝

由于挡土墙泄水孔排水不良或墙背填料不合格,导致降雨入渗,引起墙背土压力和静水压力增大,从而造成挡土墙出现轻度裂缝。

宜采取的工程措施为:当裂缝不再继续发展且挡土墙和路基均无其他病害时,在墙身范围增设仰斜式排水孔。排水孔一般间距宜采用3m,仰角不宜小于6°,长度不小于10m或伸入岩层不小于1m。透水管应外包透水土工布作为反滤层。墙身裂缝采用水泥浆或环氧砂浆灌缝。

3.3.2 挡土墙下沉、鼓肚与倾斜

挡土墙下沉主要表现为与相邻挡土墙间产生竖向错台。降雨入渗或路面水汇流引起基底地基湿软、地基承载力不足,从而造成挡土墙下沉。

挡土墙鼓肚主要表现为局部墙面向外鼓出,凹凸不平整。排水不畅或填料湿胀产生较大的主动土压力等,引起挡土墙鼓肚。

挡土墙倾斜主要表现为在沉降缝处可观察到相邻挡土墙间产生相对错动,位移呈“上大下小”的楔形,以及墙背与路基之间存在明显裂隙。地基湿软引起挡土墙地基承载力不足或者泄水孔排水不良引起静水压力和膨胀压力等,均可造成挡土墙倾斜。

根据挡土墙、路基病害情况及地形地质条件,宜采取以下工程措施:

(1)对于挡土墙出现轻度下沉、倾斜而墙面、路基、路面未发生明显病害的(图3.28),可采取基底注浆加固处理,以提高地基承载力。注浆间距一般取1m,注浆孔孔底宜位于挡土墙基础以下1m,与结构物安全净距不小于0.5m,如图3.29所示。

(2)对于挡土墙存在下沉、倾斜或鼓肚的,伴随墙面开裂,挡土墙与路基之间产生明显裂隙,但挡土墙整体质量较好,宜采取以下工程措施:

①墙脚地形满足条件的,优先考虑采用“牛腿”加固。支撑高度应高出墙身横向裂缝并不小于墙高的2/3,同时增加钢筋混凝土系梁与“牛腿”结合。“牛腿”净距宜采用2.5m,顶宽(与路垂直方向)采用1m,当墙高小于6m时厚度(顺路方向)宜取0.8m,当墙高大于或等于6m时厚度宜取1.2m,采用片石混凝土浇筑,材料强度要求同挡土墙。系梁间距宜采用3m,截面尺寸为1m(高)×0.8m(宽),采用C25钢筋混凝土浇筑。“牛腿”宜嵌入基岩或地基承载力应不小于250kPa,若地基承载力不足可采用桩基处理。图3.30为挡土墙变形开裂照片和“牛腿”加固横断面示意图,图3.31为挡土墙“牛腿”加固照片。

图3.28 挡土墙轻度下沉

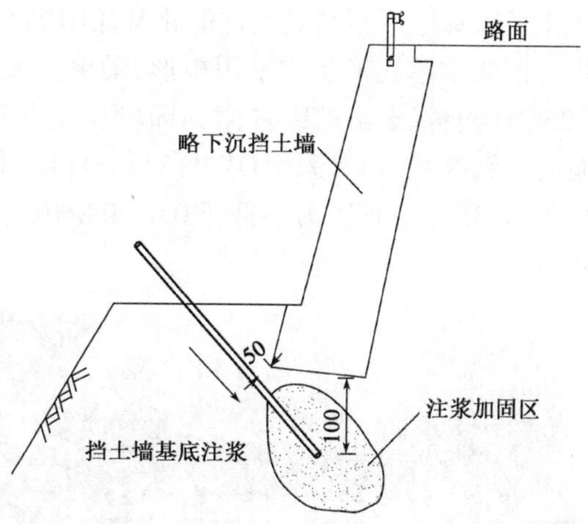

图3.29 挡土墙基底注浆示意图(尺寸单位:cm)

a)挡土墙变形开裂照片

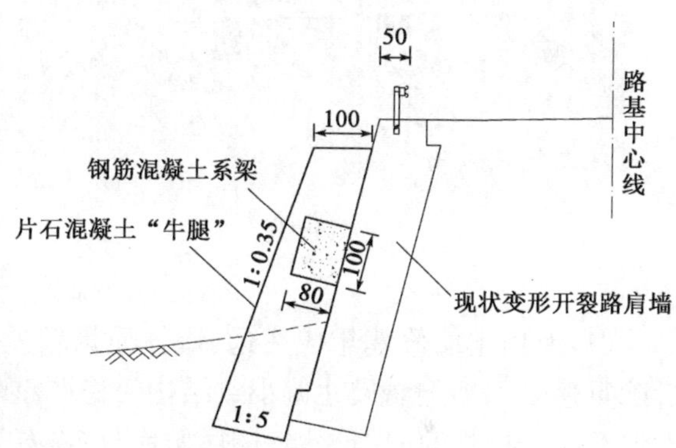

b)“牛腿”加固横断面示意图

图3.30 变形开裂挡土墙与“牛腿”加固示意图(尺寸单位:cm)

a)现场照片一

b)现场照片二

图3.31 挡土墙“牛腿”加固照片

②当墙脚地形不满足条件但路基靠山侧有岩石或稳定土层时，宜采用锚索框架梁加固挡土墙。框架梁单元形状宜采用矩形，梁单元尺寸宜为3m×3m，梁截面尺寸宜为0.4m×0.4m，采用C25钢筋混凝土浇筑。锚索锚固段长度宜不小于12m，结合现场情况，采用4～6根1860K级ϕ^s15.2钢绞线，锚具采用OVM15型。注浆材料采用1∶1水泥砂浆，水灰比0.45，砂浆体强度不小于30MPa，注浆压力不低于0.6～0.8MPa。图3.32为锚索框架梁加固照片与加固横断面示意图。

a)加固照片

框架梁
50
锚索
300
现状路肩墙
300
15°
C25
混凝土
基础
50
60
路基中心线

b)加固横断面示意图

图3.32　锚索框架梁加固(尺寸单位:cm)

(3)因挡土墙修建年代久远，墙体质量较差、出现松散掉块(图3.33)，应对损坏的挡土墙拆除重建。因挡土墙尺寸偏小致结构失稳严重时，新建挡土墙应适当加大尺寸或墙体采用片石混凝土。拆除的旧挡土墙材料(如片石、块石等)经筛选合格后可回收利用。

a)墙体松散掉块

b)墙体质量较差

图3.33　挡土墙松散掉块、质量较差

3.3.3　挡土墙上部损坏

山区公路因挖方边坡岩土体滑塌、崩塌或石块掉落，造成挡土墙上部砌体损坏，如图3.34所示。

宜采取的工程措施为：清除坡面危岩体，因落石撞击损坏的，凿除上部损坏墙体后按照原结构形式修复，如图3.35所示；因挡土墙断面尺寸偏小的，凿除上部损坏墙体后按照原结构类型修复，并适当加高、增大断面尺寸或损坏部分采用(片石)混凝土。注意保证新旧结构联结紧密。有条件的可在挡土墙后设置不小于1.5m宽的碎落台，墙顶高出地面0.5m以拦渣。

图3.34 墙体上部损坏

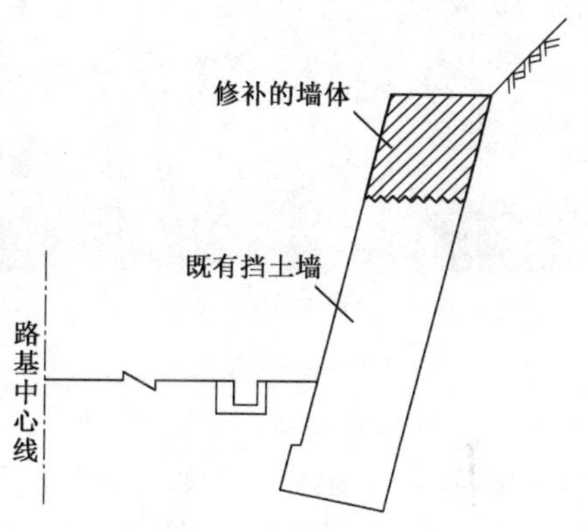

图3.35 墙体修补示意图

3.3.4 挡土墙墙体垮塌或冲毁

路基挡土墙垮塌或被冲毁后丧失使用功能。临河挡土墙的局部基础埋置深度不足或长期受冲刷而致墙脚脱空，导致挡土墙垮塌(图3.36)，甚至引起路基冲毁。另外墙背填料湿胀产生较大的主动土压力而使墙身鼓肚、开裂，也可引起挡土墙垮塌，如图3.37所示。图3.38为挡土墙冲毁伴随路基冲毁照片。

图3.36 挡土墙冲毁

图3.37 路堑墙垮塌

宜采取的工程措施为：对损毁的挡土墙按原有结构形式进行拆除重建，对垮塌的路基路面进行恢复重建。对冲刷严重的路段，墙脚可设置护坦等减少冲刷。临河侧挡土墙常水位上1m以下部分采用(片石)混凝土，1m以上部分采用浆砌片石。路基冲毁部分应采用合格填料分层回填碾压，压实要求应在规范值基础上提高一个百分点；做好新旧路基衔接处理，新旧路基交界面应开挖台阶，台阶宽度不应小于1m。

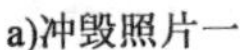
a)冲毁照片一

b)冲毁照片二

图3.38　挡土墙冲毁伴随路基冲毁

3.3.5　挡土墙襟边不足、基础外露及掏空

山区沿河挡土墙或处于库水涨落范围内的挡土墙，受水流长期冲刷作用，坡脚土体被冲蚀、流失，随着冲刷深度和范围的增大，基础逐渐外露，甚至局部基底掏空，如图3.39a)所示。另外，土质斜坡地段挡土墙墙脚土体经路面水汇流冲刷，土体强度降低，形成冲坑或塌方，导致挡土墙襟边不足。

根据水毁成因、地形、水文地质条件，宜采取以下工程措施：

(1)对于临河挡土墙基础冲刷外露，根据河床地质情况，墙脚宜设置护基、护裙等措施进行冲刷防护。

①挡土墙基底下覆基岩的路段宜采用护基。护基顶宽宜采用0.6m，基底嵌入基岩，如图3.39b)所示。护基采用(片石)混凝土浇筑，材料强度要求同挡土墙。

②挡土墙基底为土质路段的宜采用护裙。护裙顶宽宜采用0.6m，基底埋置于冲刷线以下不小于1m；挡土墙与护裙之间设置封面，封面厚度宜为0.6m，封面底与挡土墙基础顶面齐平，如图3.39c)所示。护裙和封面采用(片石)混凝土浇筑，材料强度要求同挡土墙。

③挡土墙底部局部掏空时，除墙脚设置护基或护裙防护外，掏空高度小于或等于15cm时，掏空部分宜采用微膨胀混凝土充填；掏空高度大于15cm时，下部采用混凝土进行塞填，上部10cm内采用微膨胀混凝土充填。图3.40为挡土墙底部掏空水毁修复前后现场照片。

a)挡土墙基础外露及掏空

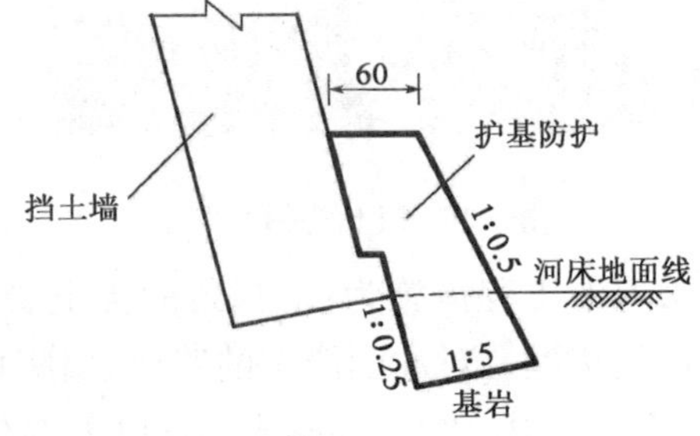

b)护基防护示意图

图　3.39

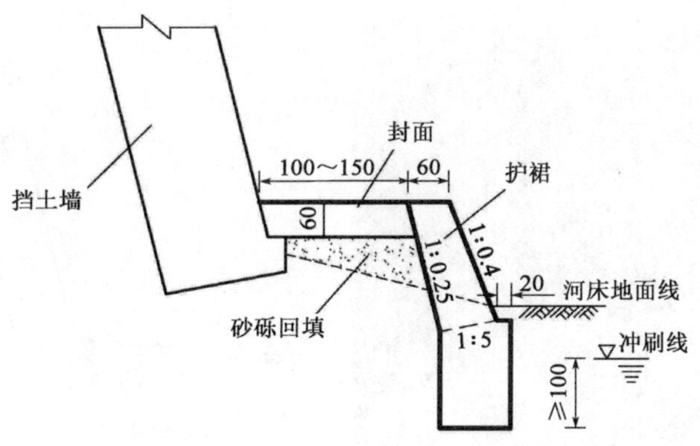

c)护裙防护示意图

图3.39　挡土墙基础外露或掏空设置冲刷防护(尺寸单位:cm)

a)情景一修复前

b)情景一修复后

c)情景二修复前

d)情景二修复后

图3.40　挡土墙底部掏空水毁修复前后

(2)对于因路面水集中汇流冲刷挡土墙外侧土质下边坡,造成挡土墙基础外侧出现冲坑或空洞的,坑洞采用素土分层回填夯实,墙顶做好排水设施拦截路面水。图3.41为墙脚冲坑水毁及修复横断面示意图。

图3.41 墙脚冲坑水毁及修复横断面示意图

(3)对于斜坡地段挡土墙稳定性良好,而斜坡下部受河流和雨水冲刷造成土体垮塌,继续冲刷会引起襟边宽度不足的,墙脚下方宜设置护岸墙,如图3.42所示。临河路段护岸墙应高出常水位以上1m,基底埋置于冲刷线以下不小于1m,墙身材料采用片石混凝土。同时做好地表排水设施。

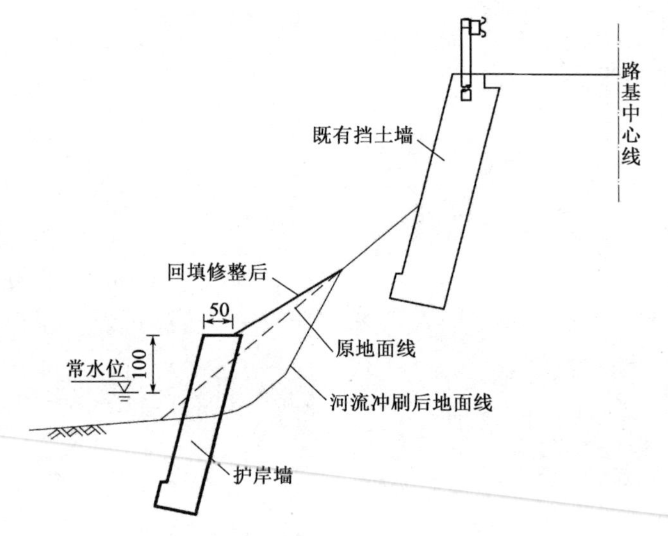

图3.42 河岸冲刷水毁修复方案示意图(尺寸单位:cm)

3.3.6 坡面防护损毁

坡面防护工程一般包括拱形骨架护坡、窗孔式护面墙、框架梁、实体护面墙等,其损坏主要表现为局部脱落、底部空洞、变形破坏、墙背冲空等。往往因地表截排水设施不完善或地下水渗出,造成坡面土体流失,从而进一步导致坡面防护损坏。

坡面防护损毁宜采取以下工程措施:

(1)对于骨架护坡、窗孔式护面墙、框架梁等坡面防护,清理松散土体,在结构物下部码砌土袋,找平后按原防护形式修复坡面防护工程,拱内塞填植生袋。图3.43为窗孔式护面墙水毁修复前后照片。

a)修复前

b)修复后

图3.43 窗孔式护面墙水毁修复前后

(2)对于实体护面墙墙背冲空的,宜对墙体后空洞采用透水性材料或片石混凝土回填。

(3)完善截排水设施(如坡顶截水沟、平台截水沟、急流槽或拦水带等)。坡面有渗水现象的,渗水部位设置仰斜式排水孔。排水孔间距宜采用3m,仰角不宜小于6°,长度不小于10m。透水管应外包透水土工布作为反滤层。

3.3.7 柔性防护网水毁

雨水沿岩石裂隙或节理面渗入,易引发边坡局部较大石块崩塌,从而造成主动/被动柔性防护网的损坏或局部锚杆松动、网片脱落,如图3.44所示。

a)主动防护网损坏

b)被动防护网损坏

图3.44 柔性防护网损坏

宜采取的工程措施为:网片出现破损时,应按既有防护网形式更换;锚杆出现松动时,重新进行锚固。被动柔性防护网基础出现损坏时,应按原结构进行修复。

3.4 既有排水设施水毁修复

地表、地下的排水工程应各自形成系统或综合形成系统。排水工程如发生水毁,应及时修复,防止水毁进一步扩大影响路基安全。

3.4.1 既有排水设施主体损坏

既有排水设施的水毁多发生在地表排水设施,如边沟、排水沟、截水沟、急流槽等处,主要表现为裂缝、下沉、断裂和损毁等,如图3.45所示。

a)边沟铺底损毁

b)边沟下沉、断裂

图3.45 边沟水毁

宜采取的工程措施为:既有排水设施主体结构损坏的,拆除损坏结构,对基底处理后,采用原断面尺寸进行恢复。坡面冲刷严重时,急流槽可根据有利地形进行择址新建。桥头、涵洞、高边坡等位置的急流槽及消力坎宜与人行踏步合并设置,以便养护维修,如图3.46所示。土质路段排水沟、急流槽亦可采用水泥毯,如图3.47所示。

图3.46 急流槽兼作人行踏步

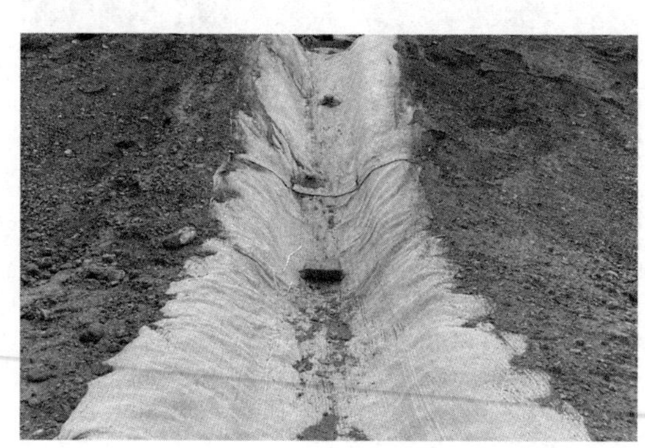
图3.47 水泥毯

3.4.2 既有排水设施出口冲刷

排水设施出口冲刷会造成排水沟槽断裂、路基边坡或自然边坡坍塌、水土流失,往往严重威胁路基稳定,多发生于急流槽、排水沟出口地形较陡位置。

结合水毁情况和地形条件,宜采取以下工程措施:

(1)对于排水设施出口缺少引流措施或引流措施不完善的路段,新增或完善排水沟、急流槽等引流措施,如图3.48所示。

a)修复前

b)修复后

图3.48 缺少引流设施水毁

(2)对于急流槽出口冲刷严重的,可增设消力池变冲蚀为漫流。当地形接近直立且邻近沟道时,可采取金属槽、HDPE管等进行挑流排水,保证落水点位于不损害坡面处,如图3.4.9所示。

a)挑流处治一

b)挑流处治二

图3.49 挑流处治

(3)对于急流槽出口冲刷严重、存在陡坎且需要远送的地段,宜采取管道排水将水输送至沟底。管状材料宜采用钢波纹管,管底设置混凝土基座,水平方向间隔2m设置混凝土抗滑平台。结合地形情况每30~50m设置1道消力池。管道出口设置消力池和散水,消力池采用钢筋混凝土。图3.50为陡坎路段管道排水照片。

图3.50 陡坎路段管道排水

4 路面水毁修复

4.1 一般要求

公路路面水毁一般伴随着路基水毁，修复应遵循以下原则。

4.1.1 路面出现水损害时，应查明原因、及时修复，防止水毁损害的扩大和严重化。

4.1.2 路面水毁原则上按原路面结构修复。修复材料及施工要求应满足现行规范及省交通主管部门发布的技术要求。

4.1.3 路面水毁修复与路基、结构物水毁修复相关联，修复路面前应完成路基、结构物水毁修复。

4.1.4 路面修复面积应超出水毁面积，按照矩形修复和新旧路面紧密结合的原则进行；沥青路面面层冲毁面积小于半幅的按半幅进行修复，大于半幅的按全幅进行修复。

4.1.5 新旧路面结构层应进行搭接处理，面层与基层、基层与底基层之间搭接长度不小于25cm。

4.1.6 为确保路面施工质量，除非有交通主管部门批准且已采取了有效技术措施的特殊情况，不应逆季节施工。

4.2 沥青路面水毁修复

4.2.1 沥青路面坑槽

山区公路挖方石质边坡较大石块在降雨作用下脱离母体，滚落至公路路面，造成沥青路面出现坑槽病害。在雨水和车辆荷载反复作用下，坑槽会进一步扩大，从而影响行车舒适性和安全性。

根据坑槽深度，宜采取的工程措施为：坑槽未贯穿面层时，挖除面层重新铺筑；坑槽贯穿面层时，挖除松散部分后，下部浇筑贫混凝土，上部铺筑沥青面层。同时遵循"圆洞方补""斜洞正补"的原则。

4.2.2 沥青路面沉陷

公路排水设施不完善、路侧长期积水或边沟破损引起雨水向路基渗流，以及雨水沿路面裂缝类病害下渗，均可造成路基湿软，引起路基不均匀沉降，如图4.1所示。边沟损坏后水流掏刷路基，造成路面下部产生空洞，从而导致路面沉陷。这种现象多发生于土质路段。

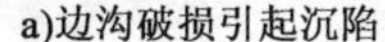

a)边沟破损引起沉陷

b)路面裂缝引起沉陷

图4.1 沥青路面沉陷

根据路基沉陷的成因，宜按照本手册第3.2.6、3.2.7节采取技术措施对路基沉陷、陷穴处理后，重新铺筑路面结构层，并完善或修复排水设施。

4.2.3 沥青路面拉裂损坏

路基下边坡垮塌、冲毁或挡土墙失稳、冲毁，会引起沥青路面边部拉裂损坏，产生纵向裂缝，如图4.2所示。纵向裂缝多呈“两边窄中间宽”的弧状。

a)路基下边坡垮塌引起损坏

b)路基挡土墙失稳引起损坏

图4.2 路面拉裂损坏

根据路基下边坡、既有防护水毁类型，按照路基水毁修复技术措施对路基边坡或防护修复后，挖除损坏部分重新铺筑路面结构层并完善或修复排水设施。

4.3 水泥路面水毁修复

4.3.1 水泥面板边部脱空

临河路基受河流冲刷造成路基边坡、防护冲毁，进一步冲刷造成水泥面板下部脱空，但面板完好，如图4.3所示。

根据路基下边坡、既有防护水毁类型,按照路基水毁修复技术措施对路基边坡或防护进行修复。当面板下部脱空宽度不大于1m时,脱空部分下部采用C20现浇混凝土浇筑,上部10cm内采用微膨胀混凝土,如图4.4所示;当脱空宽度大于1m时,将脱空位置的水泥路面挖除新建。

图4.3 水泥面板脱空

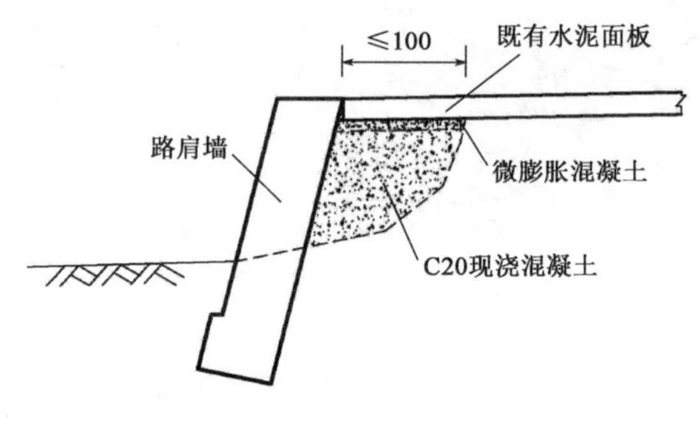

图4.4 水泥面板脱空修复方案示意图(尺寸单位:cm)

4.3.2 水泥面板破碎

由于公路排水设施不完善、路侧长期积水或边沟渗水,使雨水下渗导致路基承载力不足,在车辆荷载作用下造成水泥面板破碎。

根据路基湿软的成因,宜按照第3.2.6节采取技术措施对湿软路基处理后,重新铺筑路面结构层,并完善或修复排水设施。

5 桥梁水毁修复

5.1 一般要求

5.1.1 桥梁水毁主要包括以下情况：洪水、泥石流引起的桥梁垮塌或上部落梁、墩台移位、倾斜；由于降雨引起的坡面落石或路基填土挤压导致的梁板偏移，桥面系破损开裂；由于洪水、漂浮物、泥石流撞击导致的墩台破损、开裂；由于洪水冲刷引起的桥梁墩台基础外露，锥坡、护岸、导流堤等附属设施损坏；桥梁沉降、淤积，急流槽等排水设施破损、损坏等。

5.1.2 本手册主要适用于部分结构功能受损、可恢复的一般性水毁，不包括上部落梁、下部墩台沉陷、倾斜等主要功能缺失的不可修复性的重大水毁情况。对于桥梁技术状况分别为一、二、三类的桥梁可参照本手册进行修复，对于桥梁技术状况分别为四、五类的桥梁应按专项工程要求执行。

5.2 桥墩及桥台基础水毁修复

5.2.1 桥墩桩基础

桩基水毁一般包括桩基冲刷外露、颈缩、开裂、钢筋外露等，一般多由山区河流暴涨暴跌、泥沙流失引起的河床下切，以及河道非法挖沙或原设计埋深不足导致。

针对不同河道特性和桩基外露高度，宜采取不同形式的加固措施，具体如下：

(1)当桩基外露尺寸$h<0.5$m时，一般采用冲坑回填石笼法进行加固防护，如图5.1所示。图5.2为桥墩桩基外露水毁照片，图5.3为桩基外露石笼防护照片。

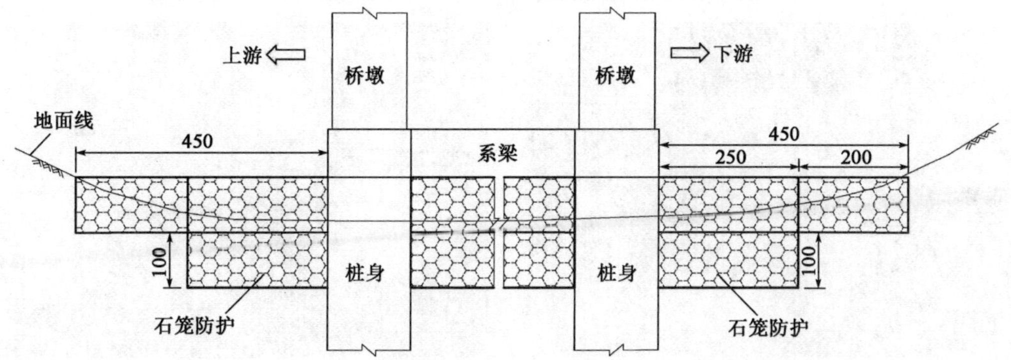

图5.1 石笼防护方案图(尺寸单位:cm)

图 5.2　桩基外露水毁

图 5.3　石笼防护

（2）当桩基外露尺寸 h>0.5m 且不低于最低冲刷线时，对于河床质为卵石、砂砾石、圆砾、细砂、淤泥等平均粒径 d≤200mm 的河道，采用外包 C30 小石子钢筋混凝土加固法，如图 5.4 所示，图中 D 为桩基直径。图 5.5 为桥墩桩基外露水毁修复前后照片。

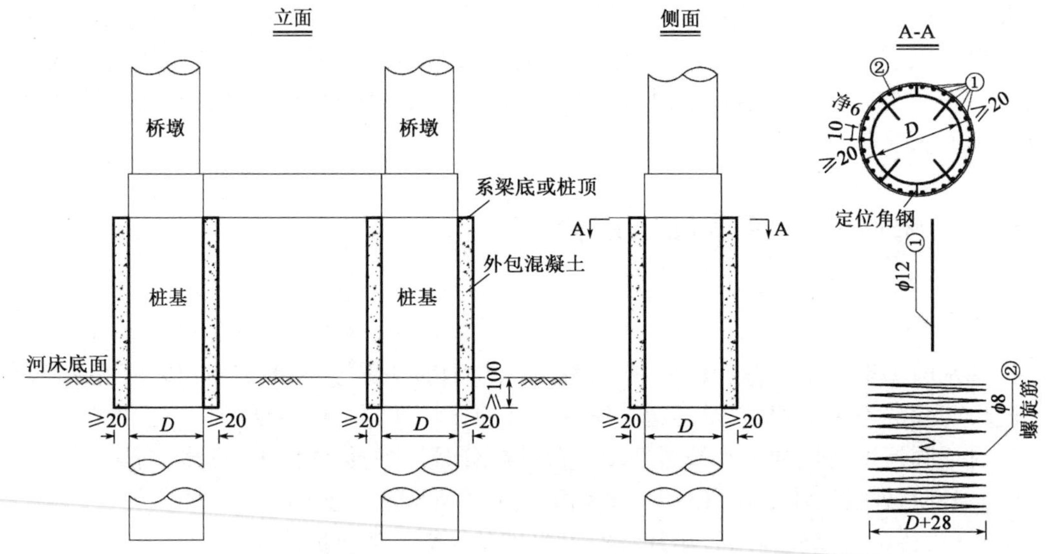

图 5.4　桩基外包混凝土设计图（尺寸单位：cm）

a)修复前

b)修复后

图 5.5　桩基外露及扩大截面修复前后

(3)当桩基外露尺寸 $h>0.5\mathrm{m}$ 且不低于最低冲刷线时，对于河床质为漂石、块石等平均粒径 $d \geqslant 200\mathrm{mm}$ 的河道，采用外包钢管法，钢板厚度不应小于6mm。图5.6为桥墩桩基外包钢管方案示意图与修复后照片。

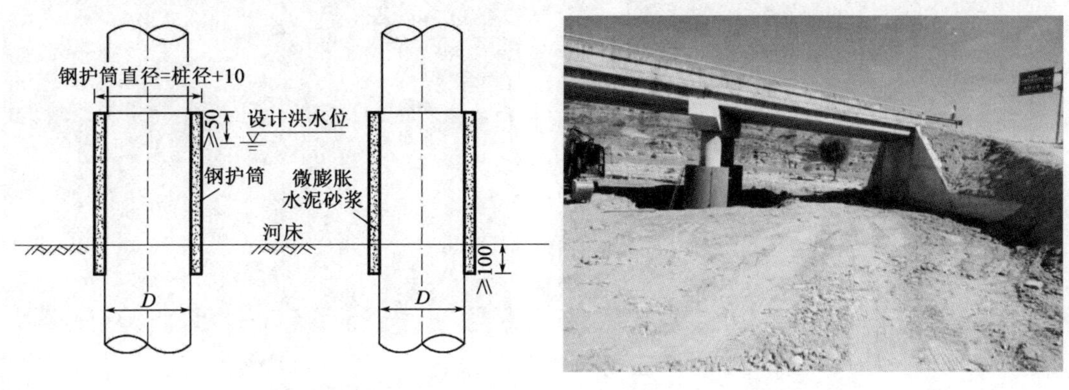

a)修复方案示意图　　b)修复后照片

图5.6　桩基外包钢管(尺寸单位:cm)

(4)当桩基外露至最低冲刷线以下时属于重大水毁，应委托具有相应资质的设计单位进行专项加固设计。

5.2.2　桥墩墩身

对于块石、漂石、泥石流等漂浮物、夹杂物较多的山区河道，在洪水作用下河水携带块石撞击桥墩导致桥墩表面混凝土剥落、掉角、露筋甚至桥墩倾斜时(图5.7)，应采用锥形导流体进行防护，如图5.8所示。锥形导流体采用C30混凝土。

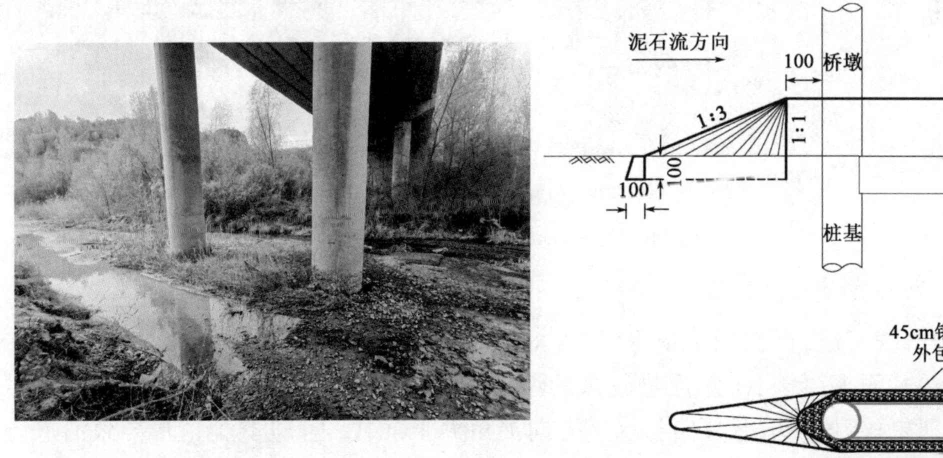

图5.7　墩身遭受撞击　　图5.8　锥形导流体示意图(尺寸单位:cm)

5.2.3　扩大基础

扩大基础水毁病害一般表现为基础外露甚至掏空，多由山区河流暴涨暴跌、泥沙流失引起的河床下降，以及桥梁挤占河道或设计埋深不足导致。宜采取以下工程措施：

(1)由于桥台压缩河道导致局部冲刷较大、基础外露时,可在原有基础前增设护基或护坦,采用(片石)混凝土浇筑。图5.9为桥台扩大基础外露修复前后照片。

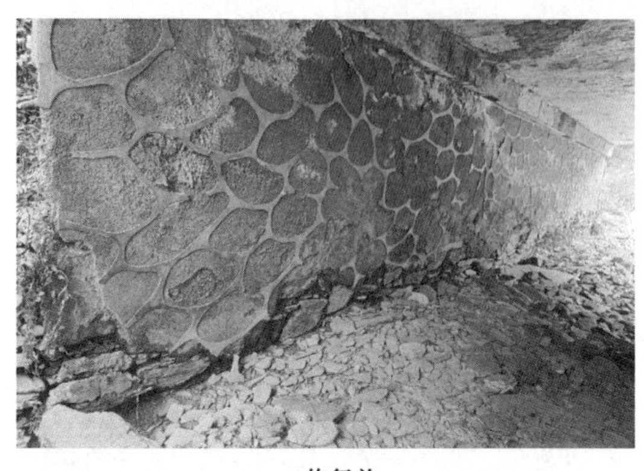

a)修复前

b)修复后

图5.9　扩大基础外露水毁修复前后

(2)当河床铺砌局部冲毁时,应对原有铺砌进行恢复,并增设截水墙等措施。截水墙采用(片石)混凝土浇筑,其埋深应在冲刷线以下不小于1m。图5.10为河床铺砌局部冲毁修复前后照片。

a)修复前

b)修复后

图5.10　河床铺砌局部冲毁修复前后

5.2.4　河床加固

(1)对于山区河流,存在如下情形时,需对河道进行疏浚并根据需要对河床进行铺砌,铺砌材料采用片石混凝土:①漂浮物较多的河道;②块石、漂石型河床;③既有桥梁存在明显压缩河床现象;④桥梁墩台方向与水流方向夹角大于30°以上;⑤其他情形导致河道行洪不顺畅、河道淤积、局部冲刷较大时。河床铺砌防护方案如图5.11所示。图5.12为河道行洪不畅路段河床铺砌前后照片。

(2)河床比降较大,为防止洪水掏刷损坏铺砌,宜在端头增设截水墙,埋深应在最低冲刷线以下不小于1m。

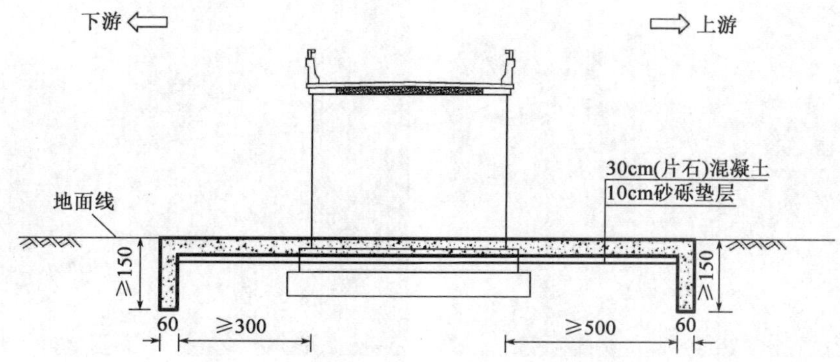

图5.11 河床铺砌防护方案示意图(尺寸单位:cm)

a)修复前　　b)修复后

图5.12 河道行洪不畅修复前后

5.3 其他附属工程水毁修复

(1)导流堤迎水端因河流冲刷导致局部下沉、局部基础掏空的,按原结构修复并在周围增加护基或护坦,采用(片石)混凝土浇筑。图5.13为导流堤基础掏空修复前后照片。

a)情景一修复前

b)情景一修复后

图 5.13

c)情景二修复前

d)情景二修复后

图5.13　导流堤基础掏空修复前后

(2)桥台台前填土或土体冲空的,应采用一般土夯填密实,自然土体坡度缓于1∶0.75时采用护坡,自然土体坡度陡于1∶0.75时采用挡土墙防护(结构形式同路肩墙)。图5.14为桥台台前土体冲空修复前后照片。

a)情景一修复前

b)情景一修复后

c)情景二修复前

d)情景二修复后

图5.14　桥台台前土体冲空修复前后

(3)对损坏的锥坡、溜坡应进行恢复时,锥坡及基础宜采用(片石)混凝土或浆砌片石,其中(片石)混凝土段应高出设计水位以上1m;基础受冲刷影响时,基础应埋置于一般冲刷线以下不小于1m。图5.15为桥台锥坡水毁修复前后照片。

a)情景一修复前　b)情景一修复后

c)情景二修复前　d)情景二修复后

图5.15　桥台锥坡水毁修复前后

(4)当桥下边坡表层地质为湿陷性黄土、砂性土或膨胀土时,由于桥面排水未采用集中排水导致桥下坡面和墩周围冲刷严重的,可采用坡面硬化(图5.16)或设置桥面集中排水(图5.17)的方式,同时增设坡面急流槽。排水设施进出口应做到"早接远送",与天然河道自然衔接。

图5.16　坡面硬化及急流槽

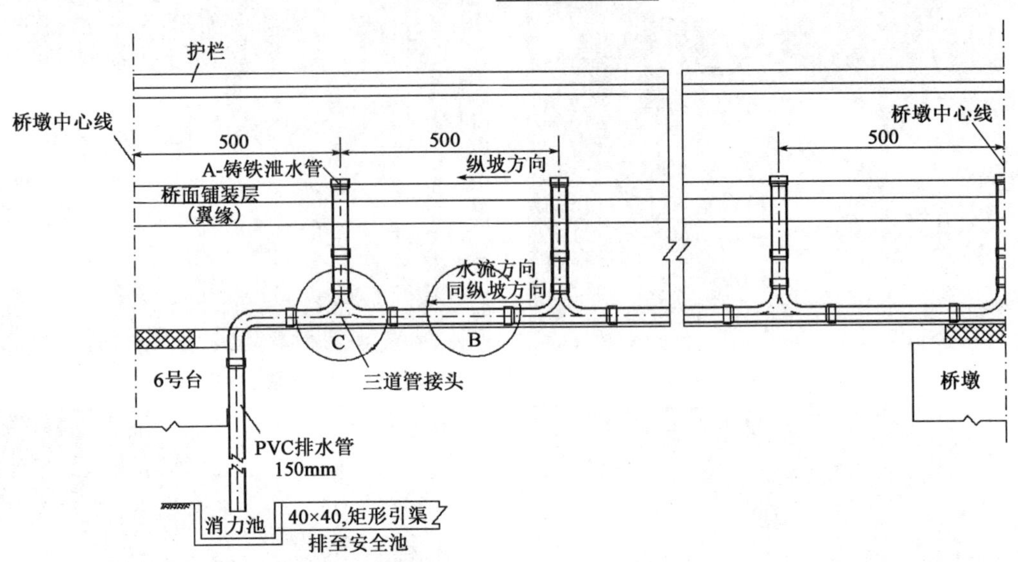

图5.17　集中排水示意图(尺寸单位:cm)

(5)其他未提及的桥梁附属工程可参照路基同类型水毁进行修复。

6 涵洞水毁修复

涵洞水毁一般包括(但不限于)以下情况:涵洞基础裸露、涵洞洞口截水墙裸露、涵墙鼓胀、盖板下沉或露筋、涵洞整体坍塌、洞身开裂等。

6.1 一般要求

6.1.1 涵洞作为排水构造物,其水毁修复应根据成因采取相应的工程措施,避免重复破坏,如图6.1所示。

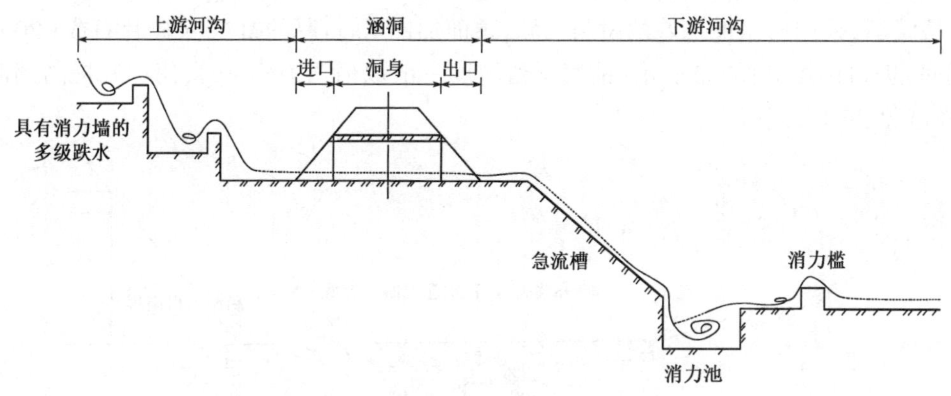

图6.1 涵洞洞口防止冲刷示意图

6.1.2 当涵洞出现以下情况时,应拆除旧涵洞并新建涵洞:

(1)重要部件出现严重损坏且有继续扩张现象;关键部位出现部分钢筋断裂、混凝土压碎或失稳变形(变形大于3cm)的破损现象;结构的强度、刚度、稳定性不能达到交通安全通行的要求。

(2)涵台不稳定,下沉、倾斜、滑动、冻拔现象严重,造成上部结构和路面变形过大,不能正常行车。

(3)基底冲刷深度大于涵洞基础深度,冲空面达20%以上;地基承载力降低,涵台滑移。

(4)洞身错位、变形、破损严重使结构受到异常约束,造成支承部位的缺损和路面的不平顺。

(5)涵洞孔径明显不满足排水、泄洪要求。

6.1.3 重建涵洞应结合地形、地质、水文等因素合理确定涵洞位置及结构形式。

6.1.4 修复的涵洞孔径宜不小于1m,否则应进行拆除新建,且新建涵洞孔径宜不小于1.5m。

6.1.5 在沟道纵坡为3%~15%的缓坡涵洞中，当出水口流速较小时，可对下游河床进行铺砌加固，并在铺砌末端设置截水墙。截水墙埋置深度不小于洞身或翼墙基础深度，墙外用干砌片石加固。当出口流速较大时，延长铺砌长度，端部设截水墙，其深度应比铺砌末端计算冲刷深度深0.25m。

6.2 涵洞进口水毁修复

涵洞进口水毁形式一般为进口前壅水浸泡路基、进口冲刷及进口损坏等。

6.2.1 涵洞进口壅水

涵洞进口壅水一般表现为涵洞进口处长期积水，常由涵洞孔径过小无法及时排离涵洞前水流或涵洞进口处高程高于低洼处高程引起。

(1)对于涵洞孔径过小造成涵洞前壅水浸泡路基的，应根据涵洞水文计算结合水文资料重新调整涵洞孔径。

(2)对于涵洞进口处沟底高程偏低导致进口壅水浸泡的，应在进口前挖除湿软不良地质或抛石挤淤后，采用透水性良好的材料回填，顶面加铺40cm厚的M7.5浆砌片石或C20水泥混凝土铺底，进口回填如图6.2所示(铺底预留坡度一般取值为1%~3%)，使沟底提高到洞口高程，从而避免涵前长期积水。

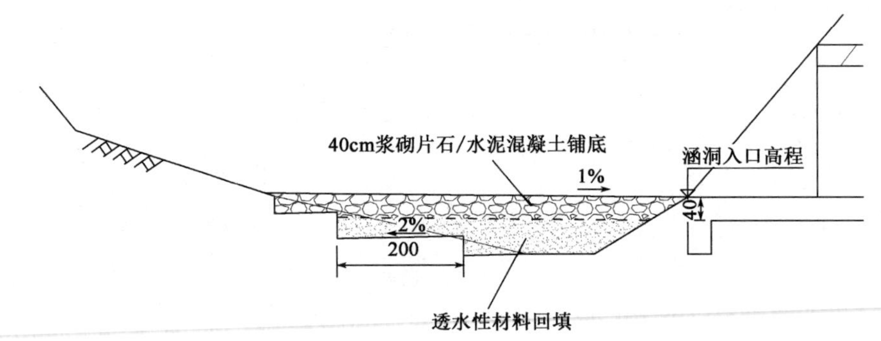

图6.2 进口回填示意图(尺寸单位:cm)

6.2.2 涵洞进口冲刷

涵洞进口冲刷一般表现为在水流冲刷作用下涵洞进口损坏严重、涵洞或路基坍塌。当进口涵洞基础无防护或者水流方向与涵洞轴线不一致时，常因进口前沟渠平均坡度较大且水流流速较大而引起水流冲刷，致使进口损坏。

(1)进口因水流冲刷损坏的，宜分别按以下原则设置消能设施：

①当沟渠平均坡度陡于1:2且缓于1:0.5时，应在进口之前加设跌坎、跌水、多级跌水等减少冲击力，多级跌水布置如图6.3所示。

②当沟渠平均坡度陡于1:0.5时，宜采用边沟跌水井洞口消能，如图6.4a)所示。

③当沟渠平均坡度缓于1:2时，宜采用一字墙跌水井洞口消能，如图6.4b)所示。

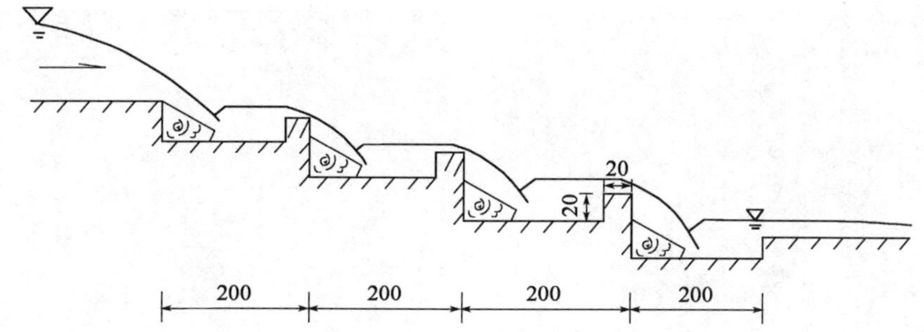

图6.3 多级跌水布置图(尺寸单位:cm)

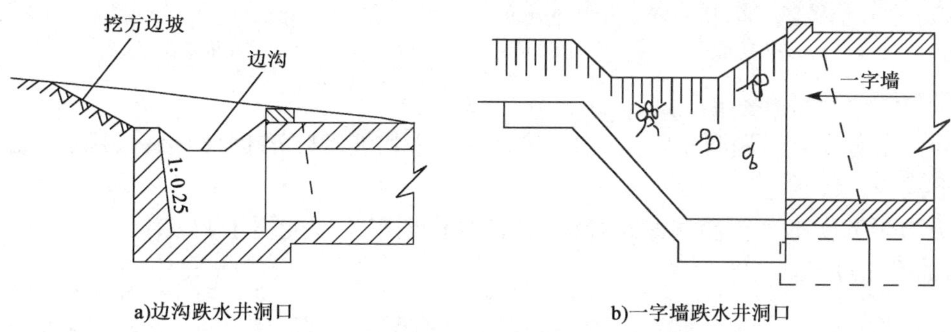

a)边沟跌水井洞口　　b)一字墙跌水井洞口

图6.4 跌水井式洞口

(2)对于涵洞洞口基础冲刷裸露的,应采用块、片石等抗冲刷材料回填冲刷裸露部分,并延长或新增铺砌至路基影响范围外。

(3)由于原有涵洞洞口形式不合理造成洞口冲刷的,宜根据冲刷后形成的沟渠宽度,合理设置八字墙、排水沟、急流槽等附属设施。具体设置原则如下:

①当沟渠宽度小于涵洞净跨径的1.5倍且沟渠平均坡度缓于1:10时,宜采用一字墙+排水沟洞口形式,如图6.5所示。

a)修复前

b)修复后

图6.5 增设排水沟

②当沟渠宽度小于涵洞净跨径的1.5倍且沟渠平均坡度不缓于1:10不陡于1:1时,宜采用一字墙+急流槽洞口形式,如图6.6所示。

a)修复前

b)修复后

图6.6　增设急流槽

③当沟渠宽度小于涵洞净跨径的1.5倍且沟渠平均坡度陡于1:1时，宜采用一字墙+跌水的洞口形式。

④当沟渠宽度不小于涵洞净跨径的1.5倍且沟渠平均坡度缓于1:1时，宜采用八字墙洞口形式，如图6.7所示。

a)修复前

b)修复后

图6.7　增设八字墙

(4)对于水流方向与涵洞轴线不一致造成冲刷的，宜通过改沟、增加边墙或设置导流墙等方式调整水流方向，引水入涵。

①当沟道宽度小于或等于2倍的净跨径时，应通过改沟调整水流方向，如图6.8所示。

②当沟道宽度大于2倍的净跨径时，应通过设置导流墙调整水流方向，如图6.9所示。

6.2.3　涵洞进口损坏

涵洞进口损坏常表现为洞口墙体外倾、下沉。修复时应先挖除损坏墙体及湿软地基，再进行修复，并做好洞口与洞身的连接。

(1)洞口由于壅水、浸泡等原因引起地基湿软造成基底沉陷，应挖除原有损坏洞口及湿软地基后，采用透水性材料(如天然砂砾、开山石渣、碎石等)对洞口进行回填，回填后新建挖除的洞口部分。

图6.8 改沟

图6.9 设置导流墙

(2)若因水流冲刷引起洞口墙体损坏应拆除损坏部分并新建。

①当墙体厚度小于50cm时,新建部分宜加厚至50cm。

②当墙体厚度大于或等于50cm时,新建部分混凝土强度等级较原混凝土应提高一个等级,厚度与原墙保持一致。

6.3 涵洞出口水毁修复

涵洞出口水毁形式一般为基础掏空、洞口形成冲刷坑洞等。

6.3.1 涵洞出口冲刷

涵洞出口冲刷一般表现为涵洞出口因地质松散、水流冲刷形成冲沟或洞口悬空等。其成因通常为涵洞出口缺少急流槽、排水沟等构造物或构造物长度不足、水流冲刷大。

(1)由于涵洞出口缺少急流槽、排水沟等构造物造成洞口冲刷悬空的,宜增设排水沟、急流槽或铺砌。

①当涵洞出口沟渠平均坡度缓于1∶10时,宜采用一字墙+排水沟洞口形式。

②当涵洞出口沟渠平均坡度不缓于1∶10且不陡于1∶1时,宜采用一字墙+急流槽洞口形式。

③当涵洞出口沟渠平均坡度陡于1∶1时,宜采用挡土墙+铺砌的洞口形式。

(2)当涵洞出口急流槽、铺砌等构造物长度不足造成水流冲刷时,应延长洞口急流槽、铺砌、排水沟等构造至路基影响范围外。

(3)对于涵洞出口水流流速较大引起冲刷损坏的,宜在出口进行铺砌加固,并增加消能措施(如加糙、阶梯、消力坎、消力池等)。人工加糙示意图如图6.10所示;人工加糙成果如图6.11所示;阶梯急流槽如图6.12所示;消力坎如图6.13a)所示,消力池如图6.13b)所示。图6.13中P为急流槽铺砌厚度,d为消力池有效深度,$1:n$为急流槽坡度,L为消力池有效长度,L_0为消力池铺砌长度。

①当急流槽高度不大于5m时,宜采取加糙措施。

②当急流槽高度大于5m且不大于8m时,宜采取加糙及消力坎措施。

③当急流槽高度大于8m时,优先采取加糙及消力池措施。当出口末端由于纵向冲刷等原因不宜设置消力池时,也可采取跌坎消能。

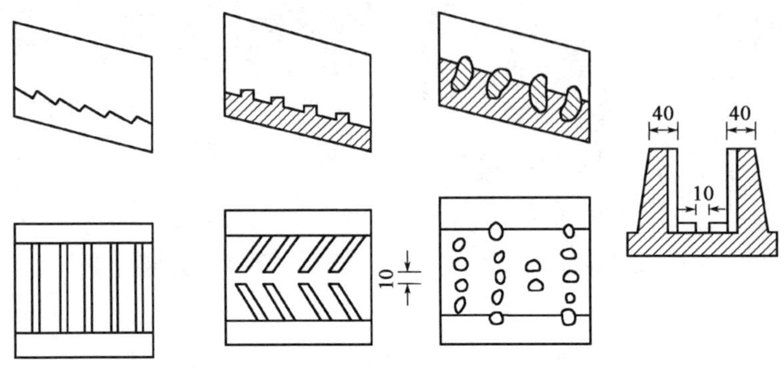

图6.10　人工加糙示意图(尺寸单位:cm)

图6.11　人工加糙成果图

图6.12　阶梯急流槽

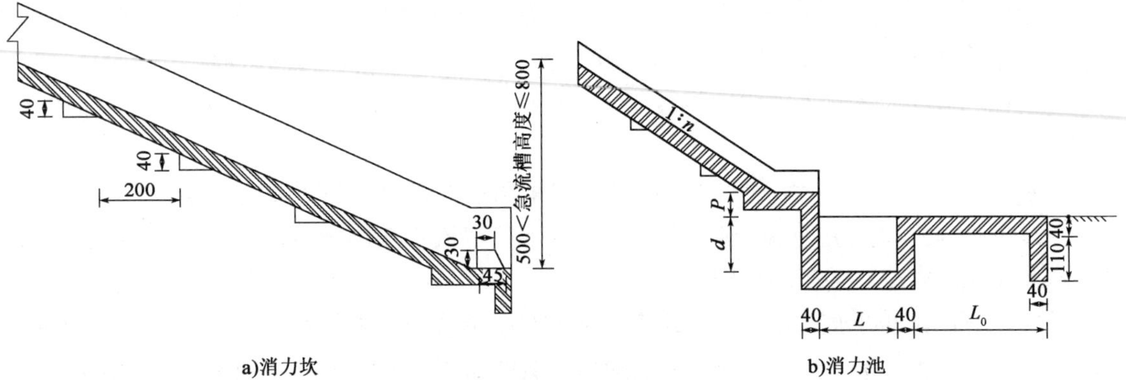

图6.13　消力措施示意图(尺寸单位:cm)

④当黄土等易冲刷地区出口平均坡度不缓于1:1且不陡于1:0.75时,根据地形宜采用PE管或波纹管+出口消力池的方式排水。管道设置方案如图6.14所示,其中D为管道外径,ϕ为钢筋直径以mm计。

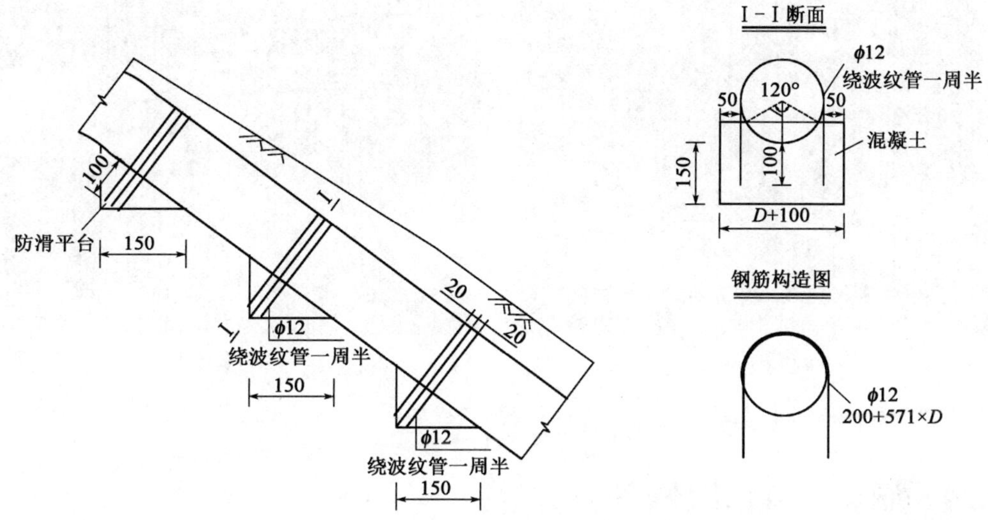

图6.14 管道设置方案(尺寸单位:cm)

6.3.2 涵洞出口基础外露

涵洞出口基础外露一般表现为由于涵洞出口地质松散且无防冲刷设计,造成出口冲刷形成坑洞,致使涵洞基础外露。

(1)当落水洞深度小于或等于2m且落水洞面积小于$10m^2$时,应拆除损坏洞口,回填压实后设置排水沟或急流槽将水流引离路基(设置原则参考本手册第6.2.2节)。回填后设置排水沟如图6.15所示。

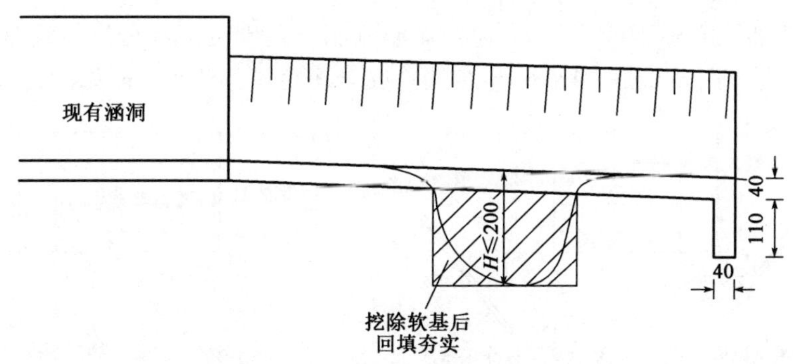

图6.15 回填后设置排水沟(尺寸单位:cm)

(2)当落水洞深度小于或等于2m且因洞口地形受限回填工程量较大难以实施时,应拆除损坏洞口,根据冲刷后地形采用新建排水沟或急流槽等方式将水流排离路基。排水沟修复如图6.16所示。

(3)当落水洞深度大于2m时,根据冲刷地形挖除湿软地基后,根据地形设置消力池及急流槽、排水沟等。当坡度陡于1:10时增设急流槽,当坡度缓于1:10时设置排水沟。

a)修复前

b)修复后

图6.16 排水沟修复图

6.4 涵洞洞身水毁修复

洞身水毁在损坏程度上可分为损毁轻微可修复型和损毁严重无法修复型。损毁严重的涵洞需根据水文及地形条件进行拆除新建。对涵洞主体及其附属结构发生损坏的部位应加强修复,并完善相应的防护及防排水设施。

6.4.1 洞身沉陷变形

洞身沉陷变形一般表现为涵洞洞身部分或全部发生沉降。常因涵洞地基经浸泡或基础填土未夯实,致使涵洞承载力不足而发生沉降。

(1)对于洞身基础沉陷,宜采取以下方式进行修复:

①当洞身基础沉陷小于或等于1cm时,对涵洞洞身基础沉陷部分进行地基注浆处理。注浆间距1m,注浆深度距基础底100cm,与结构物安全净距不小于50cm,如图6.17所示。

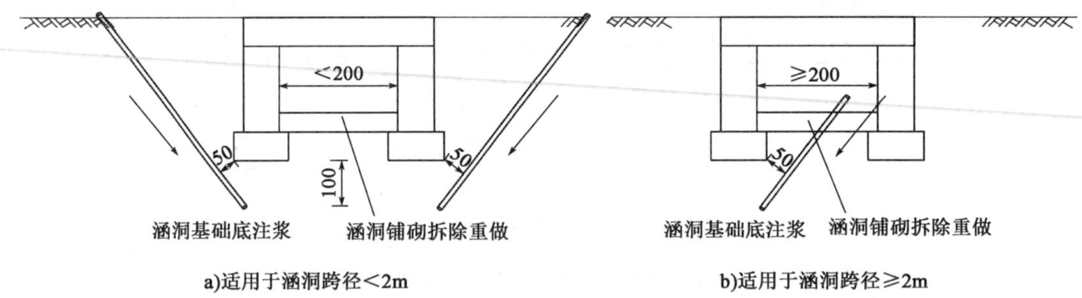

a)适用于涵洞跨径<2m

b)适用于涵洞跨径≥2m

图6.17 涵洞注浆处理示意图(尺寸单位:cm)

②当洞身基础沉陷大于1cm时,挖除沉降部分,重新修建损坏部分,新旧涵衔接处设置沉降缝。

③如变形大于净跨径的1/20时,应拆除并新建整个涵洞。

(2)当涵洞的侧墙和翼墙因台背回填未夯实或填土材料不合格发生下沉或倾斜时,路基填料应采用透水性好的材料换填并夯实。

6.4.2 洞身结构发生损坏

洞身结构发生损坏一般表现为涵洞洞身结构裂缝、损坏，铺底坑洞、缺失，涵洞倒塌等。常因涵洞洞身裂缝未能及时处理加之水流冲刷影响，致使涵洞洞身结构发生损坏。

(1)对于涵洞洞身出现裂缝且无错台及混凝土剥落的，在不宜中断交通的路段且涵洞孔径满足泄洪要求，宜在既有涵洞内采取裂缝嵌补、套衬补强、翻转内衬法、铺底加固等修复措施。

①当涵洞台身横向裂缝宽度小于1cm时，应采用裂缝嵌补措施进行修复。

②当涵洞台身横向裂缝宽度大于或等于1cm且小于3cm时，应采用洞内套衬补强措施进行修复。修复后涵洞净高不得小于100cm，洞身宽度不得小于100cm，否则应进行拆除新建。图6.18为圆管涵、盖板涵、拱涵洞内套衬补强图及拱涵套装修复后照片，其中 ϕ12 为直径为12mm的Ⅲ级钢筋。

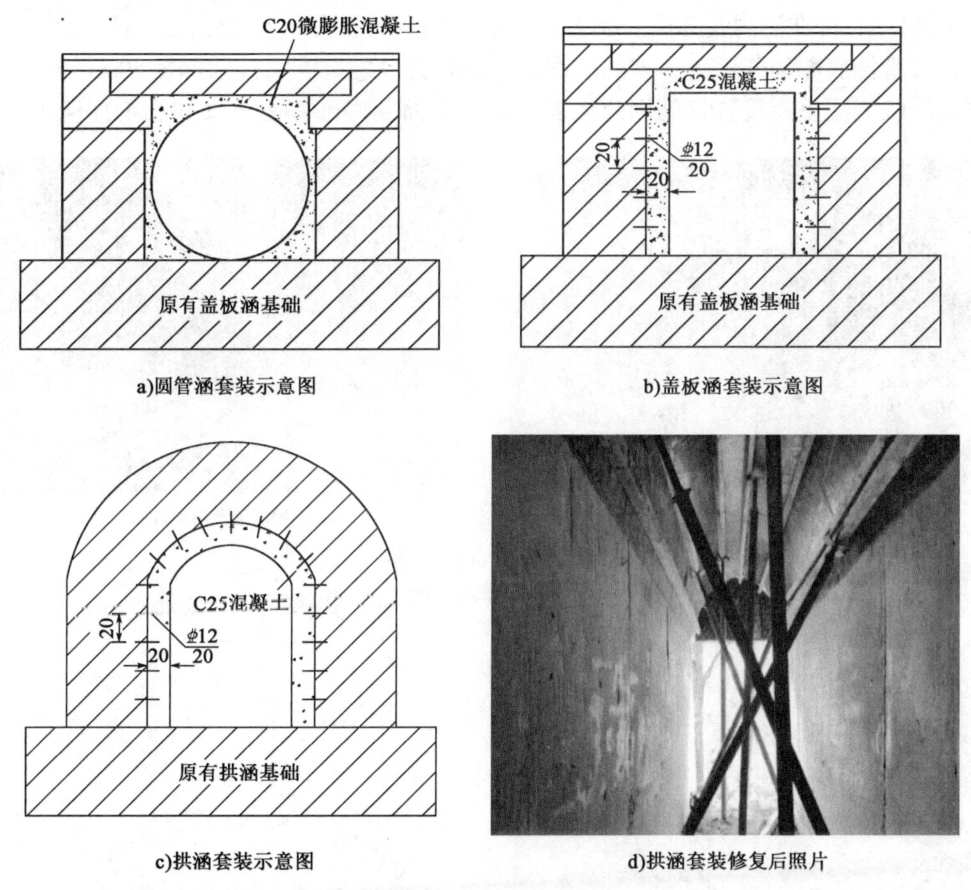

图6.18 涵洞套装示意图(尺寸单位:cm)

③当涵洞台身横向裂缝宽度大于或等于3cm或裂缝为纵向贯穿裂缝时，应进行拆除并新建涵洞。

④当圆管涵管壁出现裂缝且有施工条件时，应及时采用翻转内衬法进行修复，如图6.19所示。

a)修复前

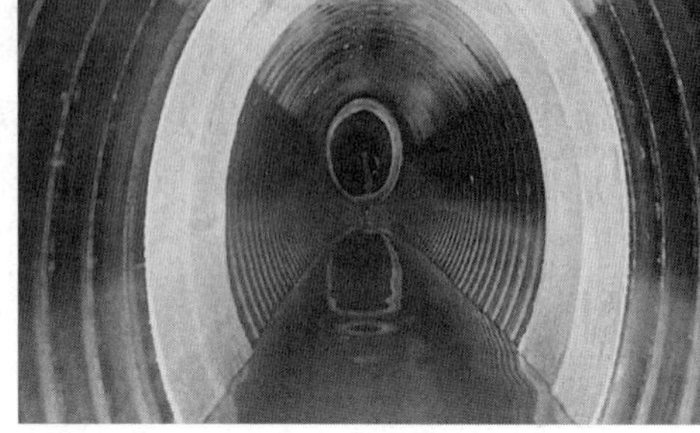

b)修复后

图6.19　翻转内衬法修复

⑤当圆管涵仅底部冲刷破损(图6.20)、涵洞其他部位及所处路基路面完好、地基强度较好且有施工条件时,可在涵洞底部插入ϕ12mm钢筋并固定钢筋网片后,浇筑20cm厚C30钢纤维混凝土。针对管涵底部局部段落出现的坑洞,应先对管涵底部注浆,注浆深度50cm,再在涵洞底部浇筑钢纤维混凝土及设置钢筋网片修复。管涵断面及底部修复方案如图6.21所示。

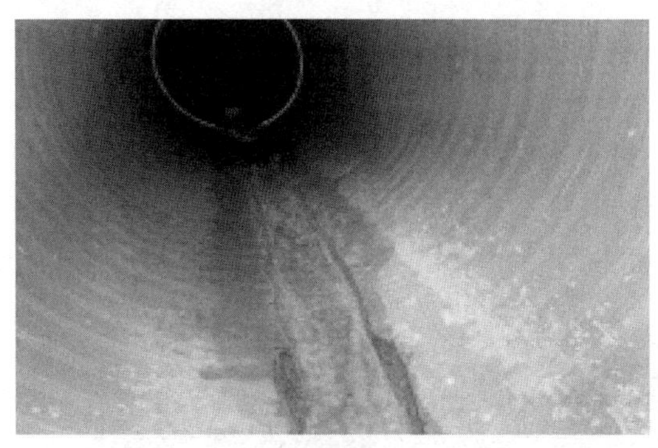

a)破损现场照片一

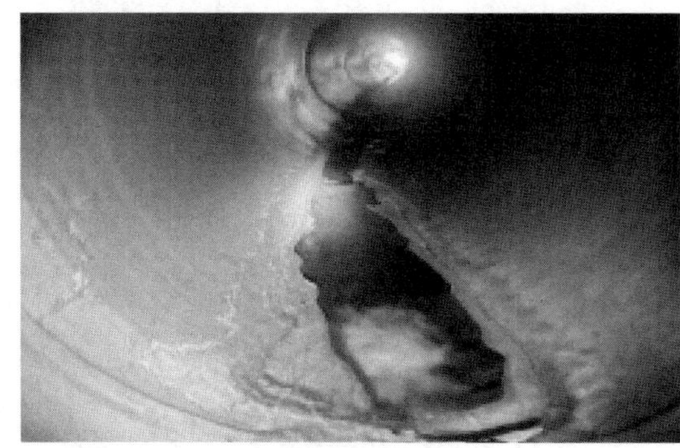

b)破损现场照片二

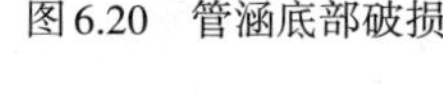

图6.20　管涵底部破损

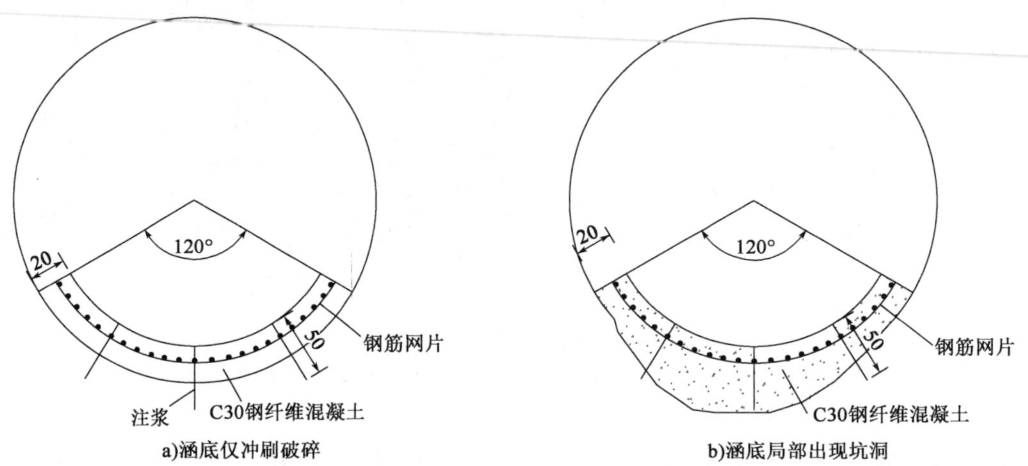

图6.21　管涵断面及底部修复方案图(尺寸单位:cm)

(2)浆砌石拱涵的砌体表面风化、开裂、灰缝剥落,石块松动、脱落或砌体渗漏水,宜按下列方法处理:

①当砌体开裂、灰缝剥落时,采用M10水泥砂浆重新勾缝。

②当砌体表面风化时,在表面抹浆或喷浆M10水泥砂浆处理。

③当石块松动、脱落或砌体渗漏水时,可采用涵内衬砌处理,并加设防水层。修复后涵洞净高不得小于100cm,洞身宽度不得小于100cm,否则应进行拆除新建。

(3)由于水流冲刷导致涵底或进出口铺底损坏。当损坏面积小于铺砌总面积的20%时,损坏部位采用40cm厚水泥混凝土修复;当损坏面积大于或等于铺砌总面积的20%时,拆除铺底后,下部采用透水性材料回填压实,再采用40cm厚水泥混凝土重新铺砌。增加铺砌修复如图6.22所示。

a)修复前

b)修复后

图6.22　增加铺砌修复

(4)涵底出现裂缝或渗漏水等。首先应清理涵洞淤积,使洞口铺砌的上下游水槽坡道平齐顺适;其次调整涵洞底部铺砌高程,使涵底纵坡不小于1%且不大于3%;最后用水泥砂浆对涵底和涵洞侧墙重新勾缝等。

(5)涵洞台身有错台、混凝土剥落、洞身倒塌、裂缝纵横交错或其他病害难以修复。

①病害分布面积集中于涵洞一侧,当完好段长度不小于涵洞长度一半且不小于4m时,应对损坏段涵洞拆除新建,新旧涵洞相接处需设置沉降缝。

②病害分布面积较为分散且位于涵洞两侧,当完好段长度小于涵洞长度一半或小于4m时,应对整个涵洞进行拆除新建。

7 水毁修复技术要点

7.1 路基修复

7.1.1 路基填筑

(1)路基填料选取与填筑要求应符合现行《公路路基施工技术规范》(JTG/T 3610)的相关要求,采用合格填料分层回填碾压。

(2)水毁路段的路基压实度应在规范值基础上提高1个百分点,路基不同部位填料最小承载比(CBR)、最大粒径和压实度(重型击实标准)应符合表7.1和表7.2规定。

二级及以下公路路基填料最小强度、最大粒径和压实度要求 表7.1

路基部位		路面底面以下深度(cm)	填料最大粒径(cm)	填料最小承载比CBR(%)	压实度(%)
上路床		0~30	10	6	≥96
下路床	轻、中及重交通	30~80	10	4	≥96
	特重、极重交通	30~120			
上路堤	轻、中及重交通	80~150	15	3	≥95
	特重、极重交通	120~190			
下路堤	轻、中及重交通	>150	15	2	≥93
	特重、极重交通	>190			

注:1.表中压实度采用现行《公路土工试验规程》(JTG 3430)重型击实试验所得最大干密度求得。
2.桥头及涵洞墙背路基压实度不小于96%。

一级公路路基填料最小强度、最大粒径和压实度要求 表7.2

路基部位		路面底面以下深度(cm)	填料最大粒径(cm)	填料最小承载比CBR(%)	压实度(%)
上路床		0~30	10	8	≥97
下路床	轻、中及重交通	30~80	10	5	≥97
	特重、极重交通	30~120			
上路堤	轻、中及重交通	80~150	15	4	≥95
	特重、极重交通	120~190			

续上表

路基部位		路面底面以下深度（cm）	填料最大粒径（cm）	填料最小承载比 CBR(%)	压实度（%）
下路堤	轻、中及重交通	>150	15	3	≥94
	特重、极重交通	>190			

注：1.表中压实度采用现行《公路土工试验规程》(JTG 3430)重型击实试验所得最大干密度求得。

2.桥头及涵洞墙背路基压实度不小于96%。

(3)结合水毁抢修的特点，当采取应急措施时，路基填料宜采用砂砾、碎石或水稳材料，必要时可采用片石混凝土或泡沫轻质混凝土。

(4)路床范围内换填材料宜采用开山石渣、天然砂砾、路面废料、水泥土、石灰土等，粒径不大于10cm。

(5)新旧路基应做好衔接处理，沿新旧路基交界面开挖台阶，台阶宽度不小于1m，向内倾斜2%～4%。

(6)充分利用沿线水毁塌土方和石方，减少借方和弃方量。塌方填料应清除杂物，必要时进行晾晒，或掺加水泥、石灰等无机结合料进行改良。

7.1.2 换填改良

换填改良适用于填料不良引起的强度不足、沉陷、翻浆等病害处治，一般软弱层厚度不大于2m。换填改良的技术要求如下：

(1)换填材料宜采用透水性材料，根据材料供应情况可采用开山石渣、天然砂砾、路面废料等。湿软土亦可采用土壤加固剂进行改良。

(2)不得采用含草皮、生活垃圾、树根、腐殖质的土，以及泥炭、淤泥、冻土、强膨胀土、有机质土和易溶盐超过允许含量的土。

(3)换填材料填筑应满足本手册第7.1.1节的要求。

(4)换填施工应减少对老路基的扰动，及时做好开挖回填及防排水工作。

7.1.3 注浆技术

注浆技术可用于路堤或路床压实度不足、路基小面积塌陷、桥头跳车等路段，以及结构物墙后填土、挡土墙墙体或地基的加固。注浆加固的技术要求如下：

(1)注浆孔间距宜取1～2m，孔径宜为70～110mm。

(2)在砂土地基中，浆液的初凝时间宜为5～10min；在黏性土地基中，浆液的初凝时间宜为1～2h。

(3)注浆量和注浆有效范围应通过现场注浆试验确定。在黏性土地基中，浆液注入率宜为15%～20%，注浆点上覆土层厚度应大于2m。

(4)劈裂注浆的注浆压力在砂土中宜为0.2～0.5MPa，在黏性土中宜为0.2～0.3MPa；压密注浆采用水泥砂浆浆液时，坍落度宜为25～75mm，注浆压力宜为1～7MPa。

(5)水泥浆的水灰比可取0.6～2，常用的水灰比为1。浆液宜采用42.5级的普通硅酸盐水泥。当早期强度要求较高时，可掺入适量速凝剂以达到速凝效果。

(6)应采用跳孔间隔注浆,且按“先外围后中间”的注浆顺序。当地下水流速较大时,应从水头高的一端开始注浆。

(7)对既有构筑物进行注浆加固时,应随时监测沉降、位移等数据,并采取多孔间隔注浆和缩短浆液凝固时间等措施,减少既有构筑物基础因注浆而产生的附加沉降。

(8)注浆施工应做好交通组织,减少行车对注浆质量的影响。注浆养护时间不宜少于3d。

7.1.4 水泥干拌碎石桩路基加固

碎石桩适用于松散砂土、粉质黏土、素填土和杂填土等且十字板抗剪强度不小于20kPa的地基、路基沉陷处理,但对粉土或粉粒含量较多的粉质砂地基一般不宜采用,处理厚度宜为3~20m。水泥干拌碎石桩的技术要求如下:

(1)最外侧桩距路基坡脚或边沟外侧的水平距离不小于1m,桩长应伸入原状密实土层不小于1m。

(2)桩孔按等边三角形布置,桩径宜为30~80cm,相邻桩孔之间的中心距离不应大于桩径的4倍。

(3)桩体所用碎石宜有一定的级配,最大粒径不宜大于5cm,含泥量不应大于5%;水泥含量宜采用5%。

(4)桩顶以上宜铺设厚度为30~50cm的粒料垫层。垫层材料宜用中砂、粗砂、级配碎石和碎石等,粒料中小于5mm部分的含泥量不宜大于5%。

(5)成孔应按成孔设备、现场土质和周围环境等情况,选用振动沉管、锤击沉管、冲击成孔等成桩法。

(6)成孔和孔内回填夯实宜从中间向外围进行或间隔跳打。在邻近既有建筑物施工时,应背离建筑物方向进行。

(7)施工前应进行成桩工艺和成桩挤密试验。

(8)要求贯入量10cm时,锤击数不应小于5击。

7.1.5 灰土挤密桩路基加固

灰土挤密桩适用于地下水以上的粉土、黏性土、素填土、杂填土和湿陷性黄土等地基、路基沉陷处理,处理厚度宜为3~15m。当土的含水率接近最佳含水率时,土呈塑性状态,挤密效果最佳。灰土挤密桩的技术要求如下:

(1)最外侧桩距路基坡脚或边沟外侧的水平距离不小于1m,桩长应伸入原状密实土层不小于1m。

(2)桩孔按等边三角形布置,桩径宜为30~60cm,相邻桩孔之间的中心距离宜为桩径的2~3倍。

(3)桩孔内的灰土填料,其消石灰与土的体积配合比宜为2:8或3:7。土料宜选用粉质黏土,土料中的有机质含量不应超过5%且不得含有冻土,渣土垃圾粒径不应超过15mm。石灰可选用新鲜的消石灰或生石灰粉,粒径不应大于5mm。消石灰的质量应合格,有效CaO+MgO含量不得低于60%。

(4)孔内填料应分层回填夯实,压实度不应小于97%。

(5)桩顶以上应设置30~50cm厚的褥垫层。垫层材料采用2:8或3:7灰土,其压实度不小于95%。

(6)成孔应按成孔设备、现场土质和周围环境等情况，选用振动沉管、锤击沉管、冲击或钻孔等方法。

(7)成孔和孔内回填夯实宜从中间向外围进行或间隔跳打。在邻近既有建筑物施工时，应背离建筑物方向进行。

(8)施工前应进行成桩工艺和成桩挤密试验。

7.1.6 抛石挤淤软基处治

抛石挤淤适用于湿软土厚度大于2m且不大于4m的地基、路基沉陷处理。其技术要求如下：

(1)采用粒径较大的未风化石料，其中0.3m粒径以下的石料含量不宜大于20%。

(2)在平抛1~2层石块后，采用压路机(振动压路机最佳)碾压，将石块挤嵌入淤泥中。如此随抛随压，反复多次，直至20t的压路机可稳固地置于顶面。

7.2 路基防护与支挡修复

7.2.1 挡土墙

(1)挡土墙材料

①一般路段新建挡土墙墙身高度H小于或等于10m时，采用浆砌片石砌筑，砂浆勾缝；墙身高度H大于10m时，挡土墙顶面以下8m高度内采用浆砌片石砌筑，其余部分采用片石混凝土浇筑[图7.1a)]；临河路段常水位以上1m以下采用片石混凝土浇筑，常水位以上1m以上采用浆砌片石砌筑[图7.1b)]。片石混凝土中的片石不大于混凝土总体积的20%。片石采购困难时，墙身亦可部分或全断面采用水泥混凝土。

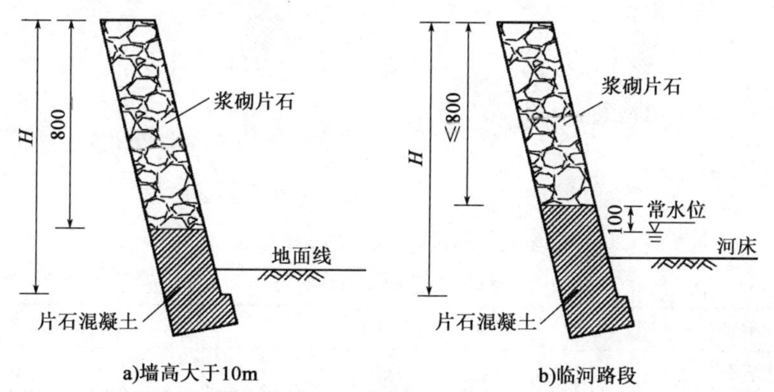

图7.1 挡土墙材料要求(尺寸单位：cm)

②石料采用质地坚硬、不易风化无裂纹的块、片石，抗压强度不低于30MPa。片石中部厚度不应小于15cm;块石形状应大致为立方体且无锋棱突角，底面及顶面应大致平行，厚度不小于20cm，长度不小于宽度。结构物材料强度应符合表7.3的规定。

防护、支挡结构材料强度要求 表7.3

材料类型	最低强度要求		适用范围
	榆阳区、神木市、府谷县、横山区、佳县	省内其他地区	
片石	MU30		护坡、护面墙、挡土墙
水泥砂浆	M10	M7.5	护坡、护面墙、挡土墙
混凝土或片石混凝土	C25	C20	护裙、护基、护坦、牛腿、挡土墙
	C30	C30	桩基、承台
	C20	C15	扩大基础

(2)挡土墙基础埋置深度

①挡土墙基础的最小埋置深度不应小于1m。风化层不厚的硬质岩石地基,基底应置于基岩未风化层以下。

②受水流冲刷时,应按路基设计洪水频率计算冲刷深度,基底应置于局部冲刷线以下不小于1m或嵌入基岩内。

③当冻结深度超过1m(榆林地区)时,基础最小埋置深度不应小于1.25m,并应对基底至冻结线以下0.25m深度范围的地基土采取措施,换填非冻胀材料,如天然砂砾、级配碎石或开山石渣等;当冻结深度小于或等于1m(省内其他地区)时,基底应在冻结线以下不小于0.25m。

④路堑挡土墙基底应在路肩以下不小于1m,并低于边沟砌体底面不小于0.2m。

⑤基础位于稳定斜坡地面时,前趾埋入深度和距地表的水平距离应满足图7.2和表7.4的规定。位于纵向斜坡上的挡土墙,当基底纵坡大于5%时,基底应设计为台阶式。

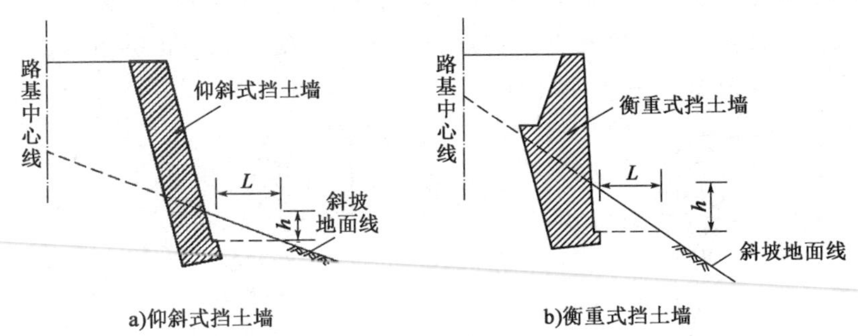

图7.2 斜坡地面基础埋置示意图

斜坡地面基础埋置条件 表7.4

土层类别	墙趾最小埋入深度h(m)	距地表水平距离L(m)
硬质岩石	0.60	1.50
软质岩石	1.00	2.00
土层	≥1.00	2.50

⑥临河顶冲路段增设护坦时,护坦应置于局部冲刷线以下不小于1m或嵌入基岩内。

(3)基底处理

①当非石质路段地基承载力不满足要求时,挡土墙基底可采取换填天然砂砾、开山石渣、

路面废料、级配碎石或无机结合料稳定土等处理措施。

②当挡土墙墙高大于10m时，宜采用(片石)混凝土扩大基础。扩大基础台阶的高宽比值不宜大于2，台阶宽度不宜小于0.5m，如图7.3所示。扩大基础的埋置深度要求同挡土墙基础。

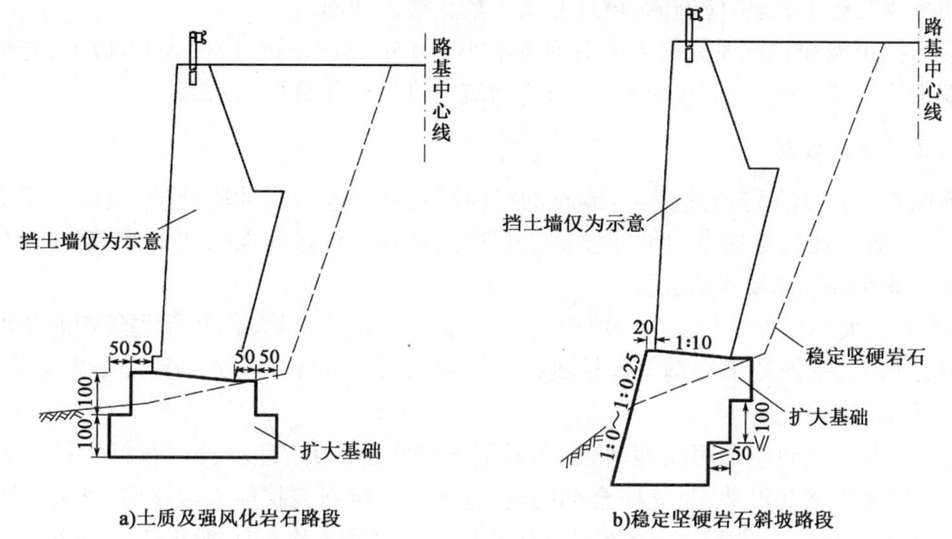

图7.3 挡土墙扩大基础(尺寸单位：cm)

③若挡土墙基底为软基，当软基厚度小于或等于4m时，宜采用抛填片石处理；当软基厚度大于4m时，宜采用木桩、钢管桩处理。

④若挡土墙基底为虚方，当虚方厚度小于或等于4m时，宜挖除虚方，采用(片石)混凝土扩大基础处理；当虚方厚度大于4m时，保留虚方，采用钢筋混凝土桩基、钢管桩处理。

⑤当基础开挖遇见大孤石时可按基岩处理，如遇连续大孤石可植筋连接浇筑为一体。

(4)挡土墙排水

挡土墙排水的作用在于疏干墙后土体中下渗的雨水，以免墙后积水致使墙身承受额外的静水压力，亦可消除黏性土填料浸水后的膨胀压力。

①挡土墙墙背应设置反滤层，反滤层采用透水性的砂砾、碎(砾)石，含泥量应小于5%，厚度不应小于0.5m。

②泄水孔采用DN110 PE或PVC管，沿墙长和墙高每2～3m设一个，沿墙高上下错列设置，外倾4%，最下一排高出地面或常水位30cm。泄水管管口采用透水土工布包裹。

③对于坡体内渗水量较大路段，路堑墙宜每隔3m设置一个0.8～1m矩形排水洞，洞内手摆片石填充，以利于坡体水的排放。

(5)其他要求

①路肩墙的顶面宽度不应侵占行车道及路缘带或硬路肩的路基宽度范围。护栏安装不得侵入公路建筑限界。

②为最大限度地减少对稳定路基的扰动，且有利于安全通行和便于施工，条件允许时，下挡土墙应尽可能地向公路路基外侧布设。

③挡土墙沿路线方向，结合墙高、地形、地基变化情况，每10～15m设一道伸缩(沉降)缝，缝宽2cm，缝内沿墙内、外、顶三边填塞15cm厚沥青麻絮或沥青木板。为防止新旧挡土墙之间差异沉降，衔接处设置沉降缝，并应注意新旧挡土墙接头协调。

④挡土墙墙身砌石应分层错缝砌筑，咬缝应不小于砌块长度的1/4，且不得出现贯通竖缝。采用坐浆法施工，坐浆应饱满，填缝充实。禁止灌浆法施工。

⑤沿河挡土墙和护坡注意嵌入前后河岸不小于0.5m，有条件的应嵌入1m以上，与结构物相接处端头均为弧形嵌入，衔接应圆顺，防止河流“抄后路”导致再次水毁。

7.2.2 石笼防护

石笼防护可用于允许流速为4～5m/s的沿河路堤坡脚或河岸冲刷防护，也可用于稳定松散坡积层、膨胀土地质等挖方边坡的坡脚。其优点是具有较好的强度和柔性，而且可利用较小的石料。其主要技术要求有：

(1)石笼的大小视需要和抛投手段而定，石笼体积一般为1～3m^3，用预先编织好的网片现场装石扎结成笼，钢筋笼用细钢筋焊接成笼壁。浸水石笼的外层石笼采用浸塑宾格网，冲击严重的可采用双股铁丝。

(2)石笼内填充物应采用质地坚硬、不易崩解和水解的片石或块石，石料粒径宜为10～30cm，块径应大于网孔尺寸，装笼应全部码砌、塞严。两层石笼接触面应平整，严防片石棱角砸断铁丝而使整个石笼损坏。贴近网孔外层应用较大尺寸的块石仔细码砌，并使石块的棱角突出网孔以外，以保护石笼。

(3)膨胀土路段石笼式挡土墙墙背宜设置一层透水土工布，以防止淤堵。每层挡土墙施工完毕后，墙背应及时回填，回填面应与石笼顶面持平。

7.2.3 护坡

护坡可用于允许流速为2～8m/s的填方边坡防护，主要适用于填方边坡高度不大于10m且边坡坡度采用1:1.5放坡不压缩河道行洪的临河路段。护坡的主要技术要求有：

(1)护坡采用C30预制混凝土边长为25cm六棱块，厚度宜采用30cm，护坡底面应设置10cm厚的砂砾反滤层。勾缝采用M10水泥砂浆，勾缝为凹缝，缝宽1cm。

(2)护坡高度应高出设计洪水位以上1m，基底应埋设在冲刷深度以下不小于1m或嵌入基岩内。

(3)护坡防护工程应与上下游岸坡平顺衔接，端部嵌入岸壁足够的深度，防止恶化上下游的水文条件。

(4)泄水孔采用DN110 PE或PVC管，沿长度和高度每2～3m设一个，上下交错布置，外倾4%，最下一排高出常水位30cm。

7.2.4 锚索框架梁

水毁修复中，锚索框架梁主要用于加固挡土墙。其主要技术要求有：

(1)框架梁单元形状宜采用矩形，梁单元尺寸宜采用3m×3m，梁截面尺寸采用0.4m×0.4m，采用C25钢筋混凝土浇筑。锚索锚固段长度宜不小于15m，结合现场情况，一般采用4～6根1860K级ϕ^{S}15.2钢绞线，锚具采用OVM15型，锚垫板尺寸为25cm×25cm×3cm。

(2)锚索孔开钻就位纵横误差不得超过±50mm,高程误差不得超过±100mm,倾角允许误差为±1°,方位允许误差±2°。锚索与水平面的交角一般为15°。

(3)钻孔要求干钻,禁止采用水钻,以确保锚索施工不至于再次恶化边坡和保证孔壁的黏结性能。钻孔速度根据使用钻机性能和锚固地层严格控制,防止钻孔扭曲和变径。

(4)钻进过程中对每个孔的地层变化、钻进状态(钻压、钻速)、地下水及一些特殊情况作好现场施工记录。

(5)钻孔孔径一般采用13~15cm。要求实际使用钻头直径不得小于设计孔径,实际钻孔深度大于设计深度0.2m以上。

(6)锚固注浆采用二次高压劈裂注浆。一次常压注浆作业从孔底开始,实际注浆量一般要大于理论的注浆量,或以锚索孔口排气孔不再排气且孔口浆液溢出浓浆作为注浆结束的标准。如一次注不满或注浆后产生沉降,要补充注浆,直至注满为止。注浆压力不低于0.6~0.8MPa。注浆材料宜选用水灰比0.45、灰砂比为1:1的水泥砂浆,强度等级不小于M30。二次注浆在一次注浆形成的水泥结石体强度达到5MPa时,分段依次由下至上进行,注浆压力、注浆数量和注浆时间根据锚固体的体积及锚固地层情况确定,并做好注浆记录。

(7)待砂浆体及锚固体达到强度后方可进行锚索张拉、锁定,锚索锁定后用C30混凝土封闭锚头。

7.3 路基排水设施修复

7.3.1 地表排水设施

路基地表排水设施主要包括边沟、排水沟、截水沟、跌水与急流槽等,应结合地形和天然水系进行布设,并做好进出口的位置选择和处理,防止产生堵塞、溢流、渗漏、淤积、冲刷和冻害。其主要技术要求有:

(1)地表排水设施按原结构尺寸修复。材料一般宜采用水泥混凝土;土质路段排水沟、急流槽亦可采用水泥毯,存在落石、滚石路段不宜使用水泥毯;土质路段存在陡坎且需要远送的路段宜采用钢波纹管。地表排水设施选用的材料应符合表7.5的要求。

地表排水设施材料强度要求　　表7.5

材料类型	最低强度要求		适用范围
	榆阳区、神木市、府谷县、横山区、佳县	省内其他地区	
混凝土	C25	C20	混凝土构件、现浇

注:二级及以上公路的混凝土构件强度等级不低于C25。

(2)边沟与急流槽、排水沟等排水设施的连接应顺畅。

(3)截水沟应根据地形条件及汇水面积等进行设置。挖方路基的堑顶截水沟应设置在坡口5m以外,并宜结合地形进行布设。填方地段斜坡上方的路堤截水沟距路堤坡脚的距离应不小于2m。

(4)水流通过坡度大于10%、水头高差大于1m的陡坡地段或特殊陡坎地段时,宜设置跌水或急流槽。急流槽底的纵坡应与地形相结合,进水口应予防护加固,出水口应采取消能措施防止冲刷。急流槽底应设置防滑平台或凸榫,防止基底滑动。

7.3.2 盲沟

盲沟用于引排路基范围地下水。其主要技术要求有:

(1)盲沟所用土工布与土工膜采用单位质量≥300g/m²的有纺布或无纺布。填料优先选用粒径5~10cm的河砾石,含泥量不宜超过5%。砾石缺乏时,可采用非级配的、最小粒径5cm的碎石作填料。渗水管管径不宜小于15cm,可选用带孔的HDPE管、PE管、无砂混凝土管等,最小纵坡不宜小于0.5%。

(2)一般情况下,纵向盲沟可设置于水沟底部,节省开挖工程量。

(3)盲沟宜深不宜宽。盲沟在水沟底部以下时,其深度宜采用1.2~1.5m,宽度宜采用40~60cm。盲沟在路基其他位置时,宜适度加深,以较充分排除地下水。

(4)土工布贴于渗水一侧(一般为山体一侧),土工膜贴于非渗水一侧。采用土工膜包裹土工布,搭接长度15~20cm。

(5)纵向盲沟长度不宜超过50m。若因纵向盲沟过长而不能将地下水排入涵洞或沟道,应增加横向盲沟截断水流。纵横向盲沟的连接应圆滑、顺适,保证水流顺畅。

(6)盲沟施工应由下游向上游推进,分段成形,每段长度不宜大于10m。

7.3.3 支撑渗沟

支撑渗沟主要用于膨胀土路段挖方边坡,起排水和支撑坡体的作用。其主要技术要求有:

(1)支撑渗沟宜深不宜宽,沟深不宜小于1.5m,沟宽不宜小于1m,间距宜为8m。

(2)支撑渗沟基底应呈阶梯状,宜设置在含水层以下较坚实的土层上。

(3)支撑渗沟应垂直嵌入边坡坡体,一般情况按条带形布设。

(4)渗沟材料应采用洁净的砂砾、粗砂、碎石、片石,其中小于2.36mm细粒料含量不得大于5%,顶部应覆盖厚度不小于15cm的不透水填料。渗沟沟壁应设置透水土工织物或中粗砂反滤层。渗水管管径不宜小于15cm,可选用带孔的HDPE管、PE管、PVC管、软式透水管、无砂混凝土管等,最小纵坡不宜小于0.5%。

7.3.4 仰斜式排水孔

仰斜式排水孔可用于引排边坡内的地下水。其主要技术要求为:

(1)仰斜式排水孔的仰角不宜小于6°,长度应伸至地下水富集部位。

(2)排水孔钻孔直径宜为150mm,孔内应设置透水管。透水管直径宜为100mm,可选用软式透水管或带孔的PVC、PE管等材料。

(3)仰斜式排水孔进水口及渗水管段应包裹透水土工布,防止堵塞渗水孔。

7.4 路面恢复

水毁路面原则上按原路面结构修复,施工应按现行有关规范、省级交通主管部门发布的相关文件中所规定的材料技术要求、施工工艺进行。

7.4.1　沥青混凝土面层

(1)沥青上面层结合料采用改性沥青或普通沥青。上面层采用改性沥青时,宜根据气候分区和交通组成选用合适的改性类型;采用普通沥青时,陕北地区和秦巴山区海拔高度高于1000m的路段选用A-90沥青,关中和陕南其他地区宜选用A-70沥青。中面层和下面层结合料选用A-70沥青。

(2)新路面铺筑应遵循平行修补的规定,即路面修补应成矩形。矩形面积应包括所有应修复的投影面积,修补的边线或者与路线中线平行或者与路线中线垂直,使新旧路面嵌挤结合。

(3)沥青混合料的压实度应以试验室标准密度的96%、最大理论密度的92%为标准。

7.4.2　水泥混凝土面层

(1)水泥混凝土面层弯拉强度、接缝设计、配筋设计应符合现行《公路水泥混凝土路面设计规范》(JTG D40)的要求。

(2)损坏面板凿除时应避免对相邻板块产生影响,尽可能地保留原有拉杆和传力杆。对损坏的拉杆和传力杆要修复,拉杆和传力杆宜满足横向接缝、纵向接缝要求,可在原位置附近打孔,用压缩空气清除孔内混凝土碎屑,然后向孔内灌入高强度砂浆,将钢筋插入旧混凝土面板中。

7.4.3　路面(底)基层

常用的路面(底)基层材料有水泥稳定材料、水泥粉煤灰稳定材料、贫混凝土、级配碎石等。其主要技术要求如下:

(1)水泥稳定材料

①水泥稳定材料的7d龄期无侧限抗压强度标准R_d应符合表7.6的规定。

水泥稳定材料的7d龄期无侧限抗压强度标准R_d(MPa)　　表7.6

公路等级	结构层	极重、特重交通	重交通	中、轻交通
一级公路	基层	5.0 ~ 7.0	4.0 ~ 6.0	3.0 ~ 5.0
	底基层	3.0 ~ 5.0	2.5 ~ 4.5	2.0 ~ 4.0
二级及以下公路	基层	4.0 ~ 6.0	3.0 ~ 5.0	2.0 ~ 4.0
	底基层	2.5 ~ 4.5	2.0 ~ 4.0	1.0 ~ 3.0

注:公路等级高或交通荷载等级高或结构安全性要求高时,推荐取强度标准上限。

②水泥稳定材料的压实标准应符合表7.7的规定。

水泥稳定材料压实标准(%)　　表7.7

公路等级		基层	底基层
一级公路	稳定中、粗粒材料	≥98	≥97
	稳定细粒材料	≥98	≥95
二级及二级以下公路	稳定中、粗粒材料	≥97	≥95
	稳定细粒材料	≥95	≥93

(2)水泥粉煤灰稳定材料

①水泥粉煤灰稳定材料的7d龄期无侧限抗压强度标准R_d应符合表7.8的规定。

水泥粉煤灰稳定材料的7d龄期无侧限抗压强度标准R_d(MPa) 表7.8

公路等级	结构层	极重、特重交通	重交通	中、轻交通
一级公路	基层	4.0~5.0	3.5~4.5	3.0~4.0
	底基层	2.5~3.5	2.0~3.0	1.5~2.5
二级及以下公路	基层	3.5~4.5	3.0~4.0	2.5~3.5
	底基层	2.0~3.0	1.5~2.5	1.0~2.0

②水泥粉煤灰稳定材料的压实标准应符合表7.9的规定。

水泥粉煤灰稳定材料压实标准(%) 表7.9

公路等级		基层	底基层
一级公路	稳定中、粗粒材料	≥98	≥97
	稳定细粒材料	≥98	≥95
二级及二级以下公路	稳定中、粗粒材料	≥97	≥95
	稳定细粒材料	≥95	≥93

(3)贫混凝土

贫混凝土集料公称最大粒径不宜大于31.5mm,水泥用量在不掺粉煤灰时不得少于170kg/m^3,28d弯拉强度标准值宜控制在2.0~2.5MPa范围内。

(4)级配碎石

①级配碎石液限宜不大于28%,在潮湿多雨地区塑性指数宜小于6,其他地区宜小于9。

②对级配碎石材料,底基层压实度应不小于97%。

7.5 桥梁、涵洞修复

7.5.1 主要材料要求

(1)桩基外包混凝土采用C30小石子钢筋混凝土。

(2)锥形导流体采用C30混凝土。

(3)河床铺砌、护坦、护基采用(片石)混凝土,强度要求同路基挡土墙。

(4)桥台锥坡、挡土墙设计水位以上1m以下采用(片石)混凝土,其余采用浆砌片石,强度要求同路基挡土墙。

(5)桥梁水毁修复护坡、石笼防护、急流槽等材料要求同路基部分。

(6)水泥要求采用普通硅酸盐水泥,质量符合《通用硅酸盐水泥》(GB 175—2007)的规定;细集料要求采用机制砂,不得采用细砂。

(7)普通钢筋采用HPB300和HRB400钢筋,钢筋应符合《钢筋混凝土用钢　第1部分:热轧光圆钢筋》(GB 1499.1—2017)和《钢筋混凝土用钢　第2部分:热轧带肋钢筋》(GB 1499.2—2018)的规定。

(8)混凝土表面缺陷修复采用聚合物砂浆,应符合表7.10的要求。

聚合物砂浆性能指标　表7.10

序号	项目		性能指标	
			Ⅰ级	Ⅱ级
1	凝结时间	初凝(min)	≥45	≥45
		终凝(h)	≤24	≤24
2	抗压强度(MPa)	7d	≥40	≥30
		28d	≥75	≥45
3	抗折强度(MPa)	7d	≥8.0	≥7.0
		28d	≥12	≥10
4	黏结强度(MPa)	14d	≥1.2	≥1.0
5	抗渗压力(MPa)	28d	≥2.5	≥2.0
6	收缩率(%)	28d	≤0.1	≤0.1
7	抗冻性能	强度损失率(%)	≤25	≤25
		质量损失率(%)	≤5	≤5

注:有抗冻性能要求时,应进行抗冻性能试验。

(9)涵洞洞口和铺砌材料宜采用浆砌片石,洞身及其基础宜采用浆砌片石或片石混凝土。当修补面积较小时,为施工方便,亦可采用水泥混凝土修补。水泥砂浆、片石、浆砌片石、水泥混凝土的强度等级要求同路基挡土墙。洞身及洞身基础所用(片石)混凝土的强度等级不低于C25。

7.5.2 主要技术要求

(1)注重新旧构造衔接,衔接以采用混凝土工程为佳。

(2)进水口确保水流进入涵洞,涵洞铺底纵坡为1%~3%;出水口应防止水流下切,预防水流下切的截水墙高度应不小于1.5m。

(3)桥梁水毁修复的护坡、石笼防护、急流槽等技术要求同路基部分。

(4)所有新老混凝土接合面均应严格凿毛处理,以保证新、老混凝土良好接合。凿毛宜采用人工凿毛的方式,凿毛时要轻微细致;同时把混凝土表面浮浆及松软层全部剔除掉,使大部分粗集料露出,集料外露不低于75%。

(5)桥梁加固施工时最好中断交通,若无法中断应采取限速(不大于20km/h)、限载及单车道通行等措施,以减少车辆对施工质量的影响。

(6)桥梁工程施工应由有专业加固施工经验的队伍进行。

(7)为确保桥梁安全,河道桥梁上游500m、下游1000m范围内严禁采砂填河等人为改变河道的行为。河道整修也应对桥梁基础采取保护措施,防止河床进一步下切,危害桥梁安全。

(8)桥梁下部修复应在枯水期进行,围堰及水下作业应符合相关施工规范,确保施工安全及施工质量。

(9)桩基环箍施工时,首先清除外露桩基周围的砂砾土,对局部桩基有露筋锈蚀的进行除锈和凿毛、清理;接着绑扎钢筋,把护筒套在桥梁墩柱绑扎钢筋外侧,将最底一节的钢护筒置于桩基底部,用高压水枪冲注。达到深度要求后,顶端护筒配合焊接“牛腿”部件下压,以达到减小扰动的目的。

附件

水毁修复设计图示例

分类	图名	图号	备注
1.路基支挡工程设计图示例	仰斜式路肩墙设计图示例	附图 1.1	
	衡重式路肩墙设计图示例	附图 1.2	
	仰斜式路堤墙设计图示例	附图 1.3	
	护肩墙设计图示例	附图 1.4	
	路堑墙设计图示例	附图 1.5	
	石笼式挡土墙设计图示例	附图 1.6	
	“牛腿”加固挡土墙设计图示例	附图 1.7	
	锚索框架梁加固挡土墙设计图示例	附图 1.8	
	挡土墙护坦式基础设计图示例	附图 1.9	
	分级挡土墙设计图示例	附图 1.10	
	桩基挡土墙设计图示例	附图 1.11	
2.路基坡面防护设计图示例	主动防护网设计图示例	附图 2.1	
	覆盖式引导防护网设计图示例	附图 2.2	
	被动防护网设计图示例	附图 2.3	
	护面墙设计图示例	附图 2.4	
	拱形骨架护坡设计图示例	附图 2.5	
3.路基冲刷防护设计图示例	护坡设计图示例	附图 3.1	
	临河路基亏坡石笼防护设计图示例	附图 3.2	
	冲刷防护设计图示例	附图 3.3	
4.路基、路面排水工程设计图示例	边沟设计图示例	附图 4.1	
	排水沟、截水沟、拦水带设计图示例	附图 4.2	
	急流槽设计图示例	附图 4.3	
	盲沟设计图示例	附图 4.4	
	支撑渗沟设计图示例	附图 4.5	
	仰斜式排水孔设计图示例	附图 4.6	
	黄土陡边坡防溯源排水设计图	附图 4.7	

续上表

分类	图名	图号	备注
5.一般路基水毁修复设计图示例	新旧路基衔接处理设计图示例	附图5.1	
	路基沉陷换填处理设计图示例	附图5.2	
	路基沉陷复合地基处理设计图示例	附图5.3	
	路基陷穴处理设计图示例	附图5.4	
	涵台路基处理设计图示例	附图5.5	
6.水泥混凝土路面设计图示例	水泥混凝土路面设计图示例	附图6.1	
7.桥梁水毁修复设计图示例	桩基外包加固设计图示例	附图7.1	
	河床铺砌防护设计图示例	附图7.2	
	石笼冲坑回填设计图示例	附图7.3	
	扩大基础护坦设计图示例	附图7.4	
	混凝土表面缺陷修复设计图示例	附图7.5	
	桥墩防撞防护图示例	附图7.6	
8.涵洞水毁修复设计图示例	涵洞洞口设计图示例	附图8.1	
	钢波纹管设计图示例	附图8.2	

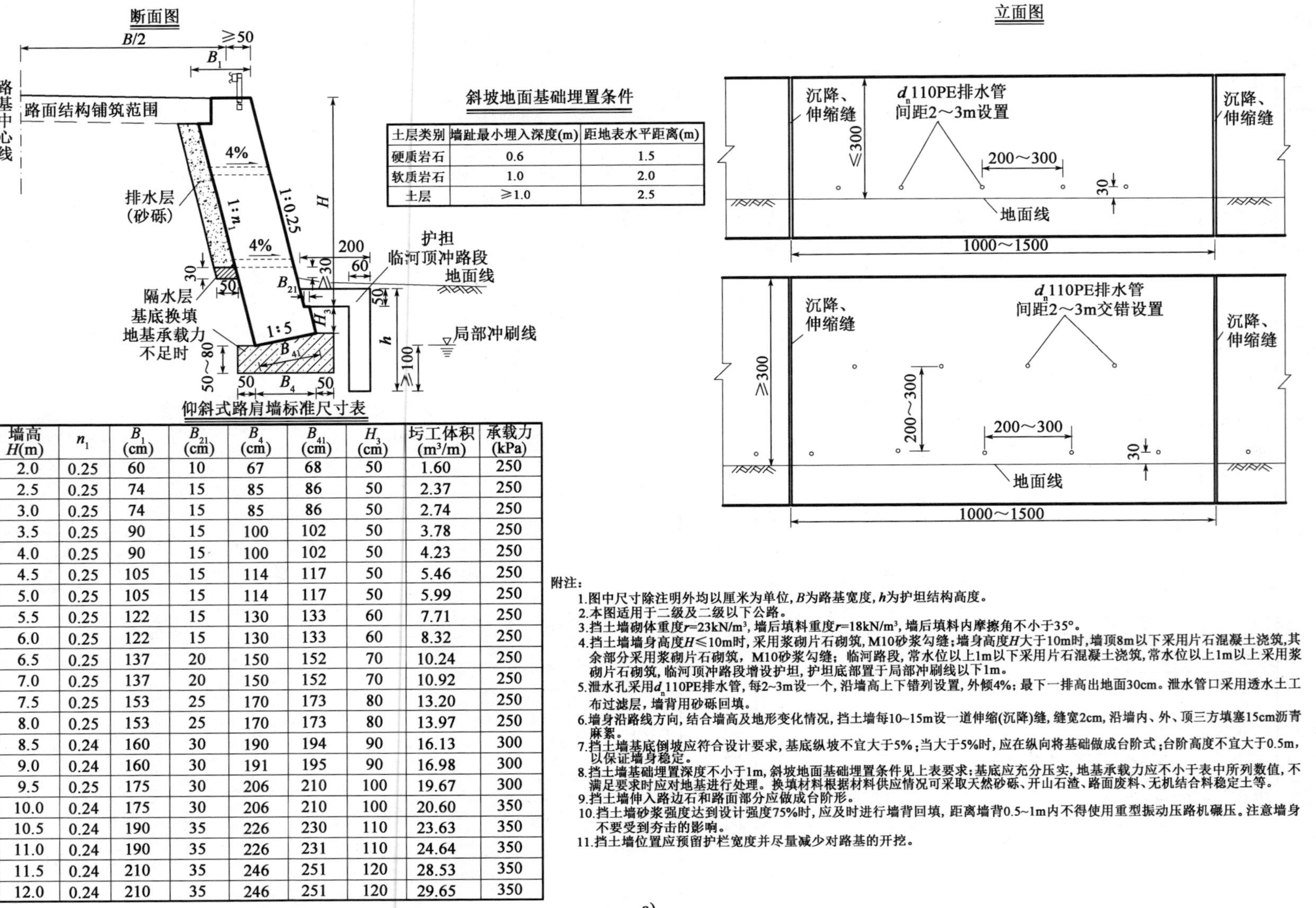

斜坡地面基础埋置条件

土层类别	墙趾最小埋入深度(m)	距地表水平距离(m)
硬质岩石	0.6	1.5
软质岩石	1.0	2.0
土层	≥1.0	2.5

仰斜式路肩墙标准尺寸表

墙高 H(m)	n_1	B_1 (cm)	B_{21} (cm)	B_4 (cm)	B_{41} (cm)	H_3 (cm)	圬工体积 (m³/m)	承载力 (kPa)
2.0	0.25	60	10	67	68	50	1.60	250
2.5	0.25	74	15	85	86	50	2.37	250
3.0	0.25	74	15	85	86	50	2.74	250
3.5	0.25	90	15	100	102	50	3.78	250
4.0	0.25	90	15	100	102	50	4.23	250
4.5	0.25	105	15	114	117	50	5.46	250
5.0	0.25	105	15	114	117	50	5.99	250
5.5	0.25	122	15	130	133	60	7.71	250
6.0	0.25	122	15	130	133	60	8.32	250
6.5	0.25	137	20	150	152	70	10.24	250
7.0	0.25	137	20	150	152	70	10.92	250
7.5	0.25	153	25	170	173	80	13.20	250
8.0	0.25	153	25	170	173	80	13.97	250
8.5	0.24	160	30	190	194	90	16.13	300
9.0	0.24	160	30	191	195	90	16.98	300
9.5	0.25	175	30	206	210	100	19.67	300
10.0	0.24	175	30	206	210	100	20.60	350
10.5	0.24	190	35	226	230	110	23.63	350
11.0	0.24	190	35	226	231	110	24.64	350
11.5	0.24	210	35	246	251	120	28.53	350
12.0	0.24	210	35	246	251	120	29.65	350

附注：

1. 图中尺寸除注明外均以厘米为单位，B为路基宽度，h为护坦结构高度。
2. 本图适用于二级及二级以下公路。
3. 挡土墙砌体重度r=23kN/m³，墙后填料重度r=18kN/m³，墙后填料内摩擦角不小于35°。
4. 挡土墙墙身高度H≤10m时，采用浆砌片石砌筑，M10砂浆勾缝；墙身高度H大于10m时，墙顶8m以下采用片石混凝土浇筑，其余部分采用浆砌片石砌筑，M10砂浆勾缝；临河路段，常水位以上1m以下采用片石混凝土浇筑，常水位以上1m以上采用浆砌片石砌筑，临河顶冲路段增设护坦，护坦底部置于局部冲刷线以下1m。
5. 泄水孔采用d_n110PE排水管，每2~3m设一个，沿墙高上下错列设置，外倾4%；最下一排高出地面30cm。泄水管口采用透水土工布过滤层，墙背用砂砾回填。
6. 墙身沿路线方向，结合墙高及地形变化情况，挡土墙每10~15m设一道伸缩(沉降)缝，缝宽2cm，沿墙内、外、顶三方填塞15cm沥青麻絮。
7. 挡土墙基底倒坡应符合设计要求，基底纵坡不宜大于5%；当大于5%时，应在纵向将基础做成台阶式；台阶高度不宜大于0.5m，以保证墙身稳定。
8. 挡土墙基础埋置深度不小于1m，斜坡地面基础埋置条件见上表要求；基底应充分压实，地基承载力应不小于表中所列数值，不满足要求时应对地基进行处理。换填材料根据材料供应情况可采取天然砂砾、开山石渣、路面废料、无机结合料稳定土等。
9. 挡土墙伸入路边石和路面部分应做成台阶形。
10. 挡土墙砂浆强度达到设计强度75%时，应及时进行墙背回填，距离墙背0.5~1m内不得使用重型振动压路机碾压。注意墙身不要受到夯击的影响。
11. 挡土墙位置应预留护栏宽度并尽量减少对路基的开挖。

a)

附图 1.1

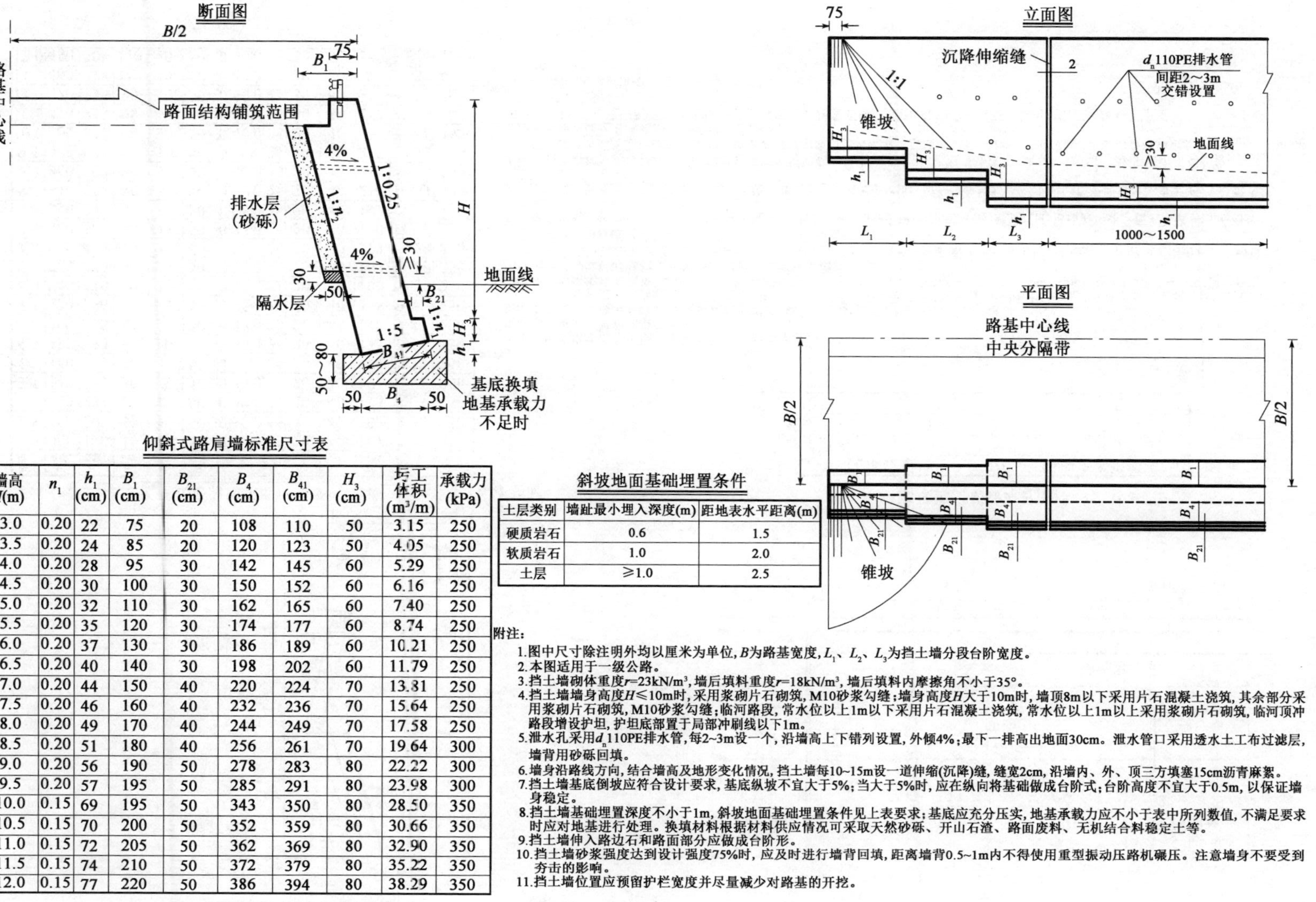

仰斜式路肩墙标准尺寸表

墙高 H(m)	n_1	h_1 (cm)	B_1 (cm)	B_{21} (cm)	B_4 (cm)	B_{41} (cm)	H_3 (cm)	圬工体积 (m^3/m)	承载力 (kPa)
3.0	0.20	22	75	20	108	110	50	3.15	250
3.5	0.20	24	85	20	120	123	50	4.05	250
4.0	0.20	28	95	30	142	145	60	5.29	250
4.5	0.20	30	100	30	150	152	60	6.16	250
5.0	0.20	32	110	30	162	165	60	7.40	250
5.5	0.20	35	120	30	174	177	60	8.74	250
6.0	0.20	37	130	30	186	189	60	10.21	250
6.5	0.20	40	140	30	198	202	60	11.79	250
7.0	0.20	44	150	40	220	224	70	13.81	250
7.5	0.20	46	160	40	232	236	70	15.64	250
8.0	0.20	49	170	40	244	249	70	17.58	250
8.5	0.20	51	180	40	256	261	70	19.64	300
9.0	0.20	56	190	50	278	283	80	22.22	300
9.5	0.20	57	195	50	285	291	80	23.98	300
10.0	0.15	69	195	50	343	350	80	28.50	350
10.5	0.15	70	200	50	352	359	80	30.66	350
11.0	0.15	72	205	50	362	369	80	32.90	350
11.5	0.15	74	210	50	372	379	80	35.22	350
12.0	0.15	77	220	50	386	394	80	38.29	350

斜坡地面基础埋置条件

土层类别	墙趾最小埋入深度(m)	距地表水平距离(m)
硬质岩石	0.6	1.5
软质岩石	1.0	2.0
土层	≥1.0	2.5

附注：

1.图中尺寸除注明外均以厘米为单位，B为路基宽度，L_1、L_2、L_3为挡土墙分段台阶宽度。
2.本图适用于一级公路。
3.挡土墙砌体重度r=23kN/m^3，墙后填料重度r=18kN/m^3，墙后填料内摩擦角不小于35°。
4.挡土墙墙身高度H≤10m时，采用浆砌片石砌筑，M10砂浆勾缝；墙身高度H大于10m时，墙顶8m以下采用片石混凝土浇筑，其余部分采用浆砌片石砌筑，M10砂浆勾缝；临河路段，常水位以上1m以下采用片石混凝土浇筑，常水位以上1m以上采用浆砌片石砌筑，临河顶冲路段增设护坦，护坦底部置于局部冲刷线以下1m。
5.泄水孔采用d_n110PE排水管，每2~3m设一个，沿墙高上下错列设置，外倾4%；最下一排高出地面30cm。泄水管口采用透水土工布过滤层，墙背用砂砾回填。
6.墙身沿路线方向，结合墙高及地形变化情况，挡土墙每10~15m设一道伸缩(沉降)缝，缝宽2cm，沿墙内、外、顶三方填塞15cm沥青麻絮。
7.挡土墙基底倒坡应符合设计要求，基底纵坡不宜大于5%；当大于5%时，应在纵向将基础做成台阶式；台阶高度不宜大于0.5m，以保证墙身稳定。
8.挡土墙基础埋置深度不小于1m，斜坡地面基础埋置条件见上表要求；基底应充分压实，地基承载力应不小于表中所列数值，不满足要求时应对地基进行处理。换填材料根据材料供应情况可采取天然砂砾、开山石渣、路面废料、无机结合料稳定土等。
9.挡土墙伸入路边石和路面部分应做成台阶形。
10.挡土墙砂浆强度达到设计强度75%时，应及时进行墙背回填，距离墙背0.5~1m内不得使用重型振动压路机碾压。注意墙身不要受到夯击的影响。
11.挡土墙位置应预留护栏宽度并尽量减少对路基的开挖。

b)

附图1.1　仰斜式路肩墙设计图示例

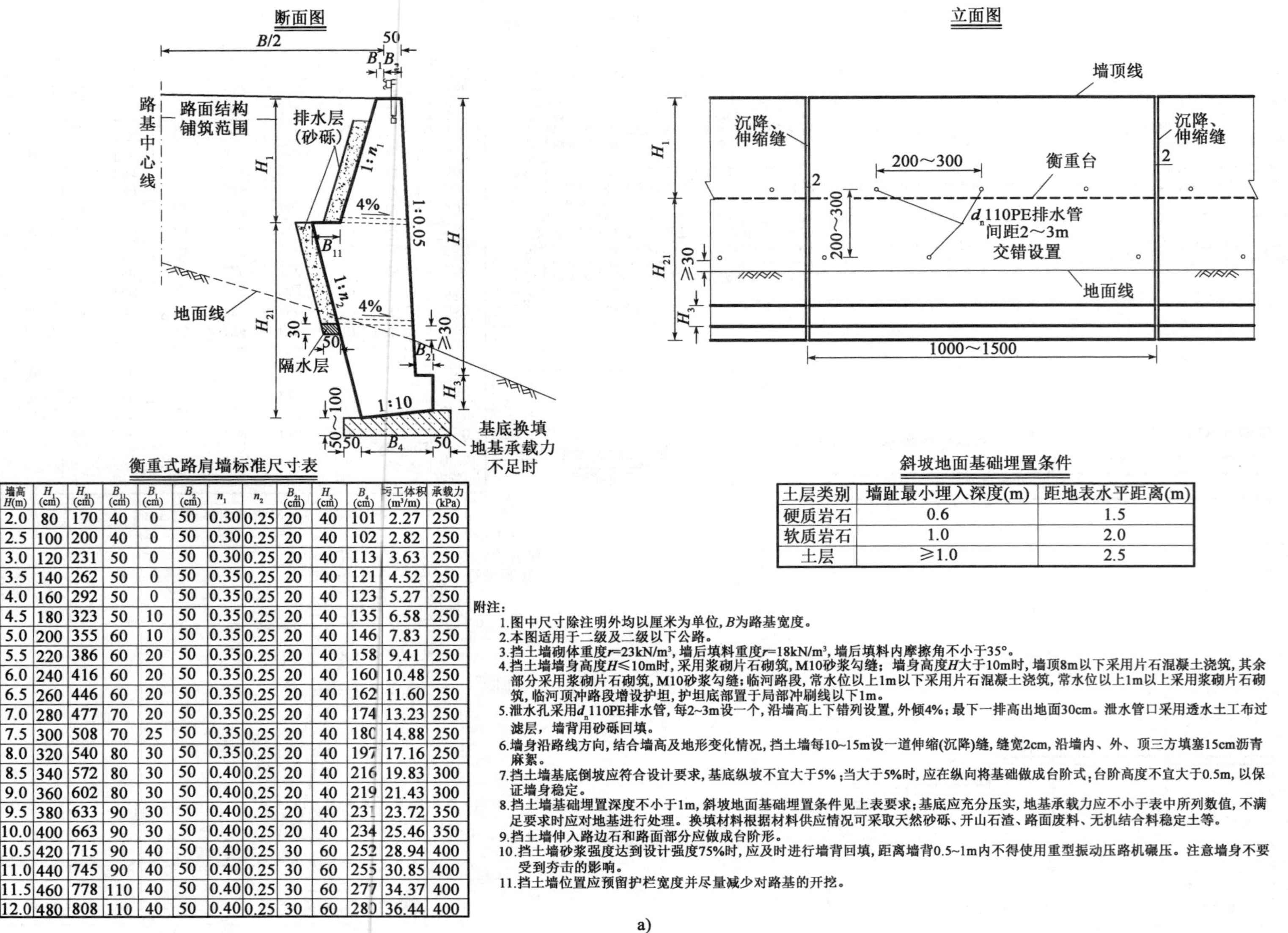

衡重式路肩墙标准尺寸表

墙高H(m)	H_1(cm)	H_{21}(cm)	B_{11}(cm)	B_1(cm)	B_2(cm)	n_1	n_2	B_{21}(cm)	H_3(cm)	B_4(cm)	圬工体积(m^3/m)	承载力(kPa)
2.0	80	170	40	0	50	0.30	0.25	20	40	101	2.27	250
2.5	100	200	40	0	50	0.30	0.25	20	40	102	2.82	250
3.0	120	231	50	0	50	0.30	0.25	20	40	113	3.63	250
3.5	140	262	50	0	50	0.35	0.25	20	40	121	4.52	250
4.0	160	292	50	0	50	0.35	0.25	20	40	123	5.27	250
4.5	180	323	50	10	50	0.35	0.25	20	40	135	6.58	250
5.0	200	355	60	10	50	0.35	0.25	20	40	146	7.83	250
5.5	220	386	60	20	50	0.35	0.25	20	40	158	9.41	250
6.0	240	416	60	20	50	0.35	0.25	20	40	160	10.48	250
6.5	260	446	60	20	50	0.35	0.25	20	40	162	11.60	250
7.0	280	477	70	20	50	0.35	0.25	20	40	174	13.23	250
7.5	300	508	70	25	50	0.35	0.25	20	40	180	14.88	250
8.0	320	540	80	30	50	0.35	0.25	20	40	197	17.16	250
8.5	340	572	80	30	50	0.40	0.25	20	40	216	19.83	300
9.0	360	602	80	30	50	0.40	0.25	20	40	219	21.43	300
9.5	380	633	90	30	50	0.40	0.25	20	40	231	23.72	350
10.0	400	663	90	30	50	0.40	0.25	20	40	234	25.46	350
10.5	420	715	90	40	50	0.40	0.25	30	60	252	28.94	400
11.0	440	745	90	40	50	0.40	0.25	30	60	255	30.85	400
11.5	460	778	110	40	50	0.40	0.25	30	60	277	34.37	400
12.0	480	808	110	40	50	0.40	0.25	30	60	280	36.44	400

斜坡地面基础埋置条件

土层类别	墙趾最小埋入深度(m)	距地表水平距离(m)
硬质岩石	0.6	1.5
软质岩石	1.0	2.0
土层	≥1.0	2.5

附注：

1.图中尺寸除注明外均以厘米为单位，B为路基宽度。
2.本图适用于二级及二级以下公路。
3.挡土墙砌体重度r=23kN/m^3，墙后填料重度r=18kN/m^3，墙后填料内摩擦角不小于35°。
4.挡土墙墙身高度H≤10m时，采用浆砌片石砌筑，M10砂浆勾缝；墙身高度H大于10m时，墙顶8m以下采用片石混凝土浇筑，其余部分采用浆砌片石砌筑，M10砂浆勾缝；临河路段，常水位以上1m以下采用片石混凝土浇筑，常水位以上1m以上采用浆砌片石砌筑，临河顶冲路段增设护坦，护坦底部置于局部冲刷线以下1m。
5.泄水孔采用d_n110PE排水管，每2~3m设一个，沿墙高上下错列设置，外倾4%；最下一排高出地面30cm。泄水管口采用透水土工布过滤层，墙背用砂砾回填。
6.墙身沿路线方向，结合墙高及地形变化情况，挡土墙每10~15m设一道伸缩(沉降)缝，缝宽2cm，沿墙内、外、顶三方填塞15cm沥青麻絮。
7.挡土墙基底倒坡应符合设计要求，基底纵坡不宜大于5%；当大于5%时，应在纵向将基础做成台阶式；台阶高度不宜大于0.5m，以保证墙身稳定。
8.挡土墙基础埋置深度不小于1m，斜坡地面基础埋置条件见上表要求；基底应充分压实，地基承载力应不小于表中所列数值，不满足要求时应对地基进行处理。换填材料根据材料供应情况可采取天然砂砾、开山石渣、路面废料、无机结合料稳定土等。
9.挡土墙伸入路边石和路面部分应做成台阶形。
10.挡土墙砂浆强度达到设计强度75%时，应及时进行墙背回填，距离墙背0.5~1m内不得使用重型振动压路机碾压。注意墙身不要受到夯击的影响。
11.挡土墙位置应预留护栏宽度并尽量减少对路基的开挖。

a)

附图 1.2

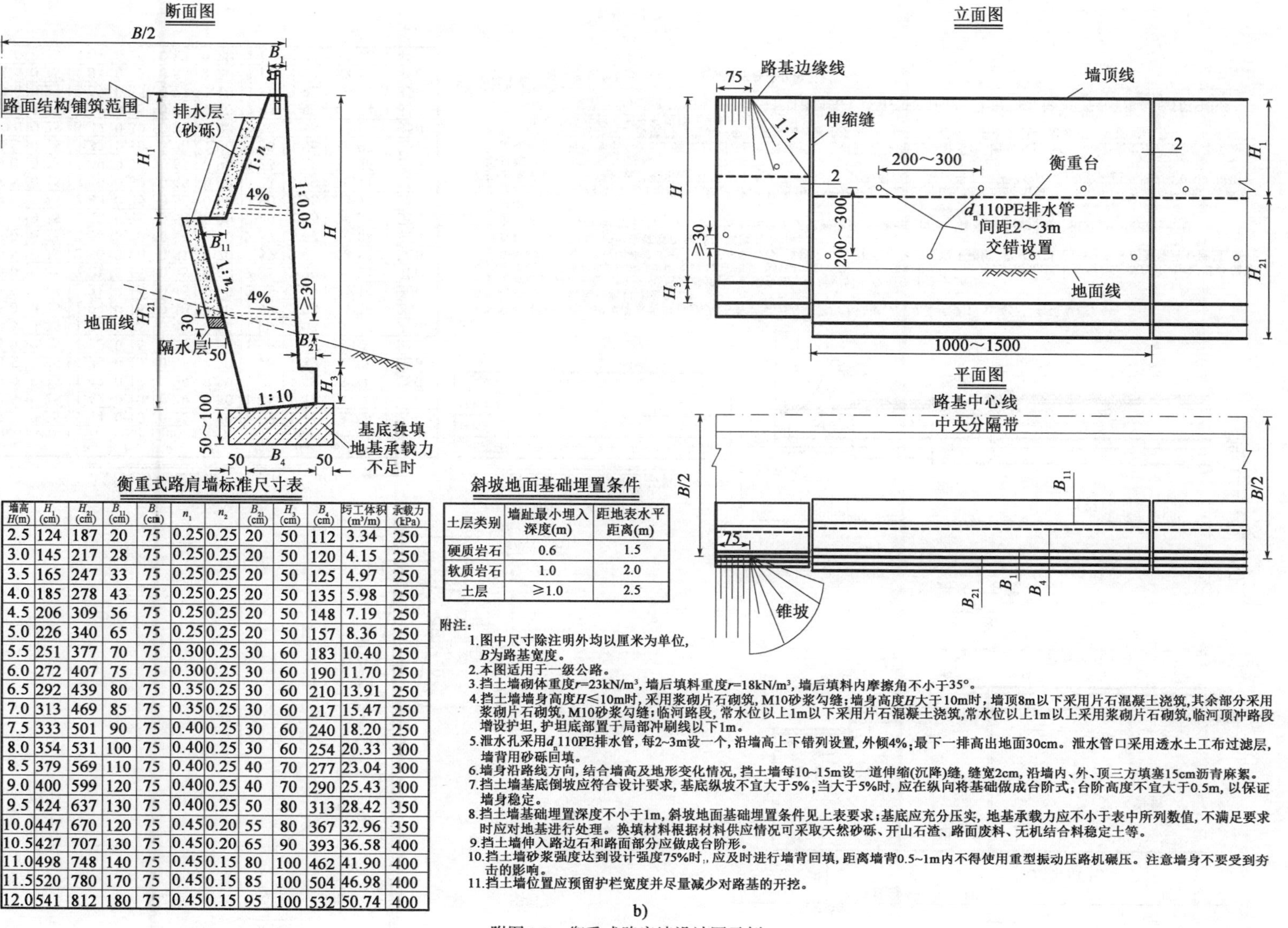

衡重式路肩墙标准尺寸表

墙高 H(m)	H_1 (cm)	H_{21} (cm)	B_{11} (cm)	B (cm)	n_1	n_2	B_{21} (cm)	H_3 (cm)	B_4 (cm)	圬工体积 (m³/m)	承载力 (kPa)
2.5	124	187	20	75	0.25	0.25	20	50	112	3.34	250
3.0	145	217	28	75	0.25	0.25	20	50	120	4.15	250
3.5	165	247	33	75	0.25	0.25	20	50	125	4.97	250
4.0	185	278	43	75	0.25	0.25	20	50	135	5.98	250
4.5	206	309	56	75	0.25	0.25	20	50	148	7.19	250
5.0	226	340	65	75	0.25	0.25	20	50	157	8.36	250
5.5	251	377	70	75	0.30	0.25	30	60	183	10.40	250
6.0	272	407	75	75	0.30	0.25	30	60	190	11.70	250
6.5	292	439	80	75	0.35	0.25	30	60	210	13.91	250
7.0	313	469	85	75	0.35	0.25	30	60	217	15.47	250
7.5	333	501	90	75	0.40	0.25	30	60	240	18.20	250
8.0	354	531	100	75	0.40	0.25	30	60	254	20.33	300
8.5	379	569	110	75	0.40	0.25	40	70	277	23.04	300
9.0	400	599	120	75	0.40	0.25	40	70	290	25.43	300
9.5	424	637	130	75	0.40	0.25	50	80	313	28.42	350
10.0	447	670	120	75	0.45	0.20	55	80	367	32.96	350
10.5	427	707	130	75	0.45	0.20	65	90	393	36.58	400
11.0	498	748	140	75	0.45	0.15	80	100	462	41.90	400
11.5	520	780	170	75	0.45	0.15	85	100	504	46.98	400
12.0	541	812	180	75	0.45	0.15	95	100	532	50.74	400

斜坡地面基础埋置条件

土层类别	墙趾最小埋入深度(m)	距地表水平距离(m)
硬质岩石	0.6	1.5
软质岩石	1.0	2.0
土层	≥1.0	2.5

附注：

1.图中尺寸除注明外均以厘米为单位，B为路基宽度。
2.本图适用于一级公路。
3.挡土墙砌体重度r=23kN/m³，墙后填料重度r=18kN/m³，墙后填料内摩擦角不小于35°。
4.挡土墙墙身高度H≤10m时，采用浆砌片石砌筑，M10砂浆勾缝；墙身高度H大于10m时，墙顶8m以下采用片石混凝土浇筑，其余部分采用浆砌片石砌筑，M10砂浆勾缝；临河路段，常水位以上1m以下采用片石混凝土浇筑，常水位以上1m以上采用浆砌片石砌筑，临河顶冲路段增设护坦，护坦底部置于局部冲刷线以下1m。
5.泄水孔采用d_n110PE排水管，每2~3m设一个，沿墙高上下错列设置，外倾4%；最下一排高出地面30cm。泄水管口采用透水土工布过滤层，墙背用砂砾回填。
6.墙身沿路线方向，结合墙高及地形变化情况，挡土墙每10~15m设一道伸缩(沉降)缝，缝宽2cm，沿墙内、外、顶三方填塞15cm沥青麻絮。
7.挡土墙基底倒坡应符合设计要求，基底纵坡不宜大于5%；当大于5%时，应在纵向将基础做成台阶式；台阶高度不宜大于0.5m，以保证墙身稳定。
8.挡土墙基础埋置深度不小于1m，斜坡地面基础埋置条件见上表要求；基底应充分压实，地基承载力应不小于表中所列数值，不满足要求时应对地基进行处理。换填材料根据材料供应情况可采取天然砂砾、开山石渣、路面废料、无机结合料稳定土等。
9.挡土墙伸入路边石和路面部分应做成台阶形。
10.挡土墙砂浆强度达到设计强度75%时，应及时进行墙背回填，距离墙背0.5~1m内不得使用重型振动压路机碾压。注意墙身不要受到夯击的影响。
11.挡土墙位置应预留护栏宽度并尽量减少对路基的开挖。

b)

附图1.2　衡重式路肩墙设计图示例

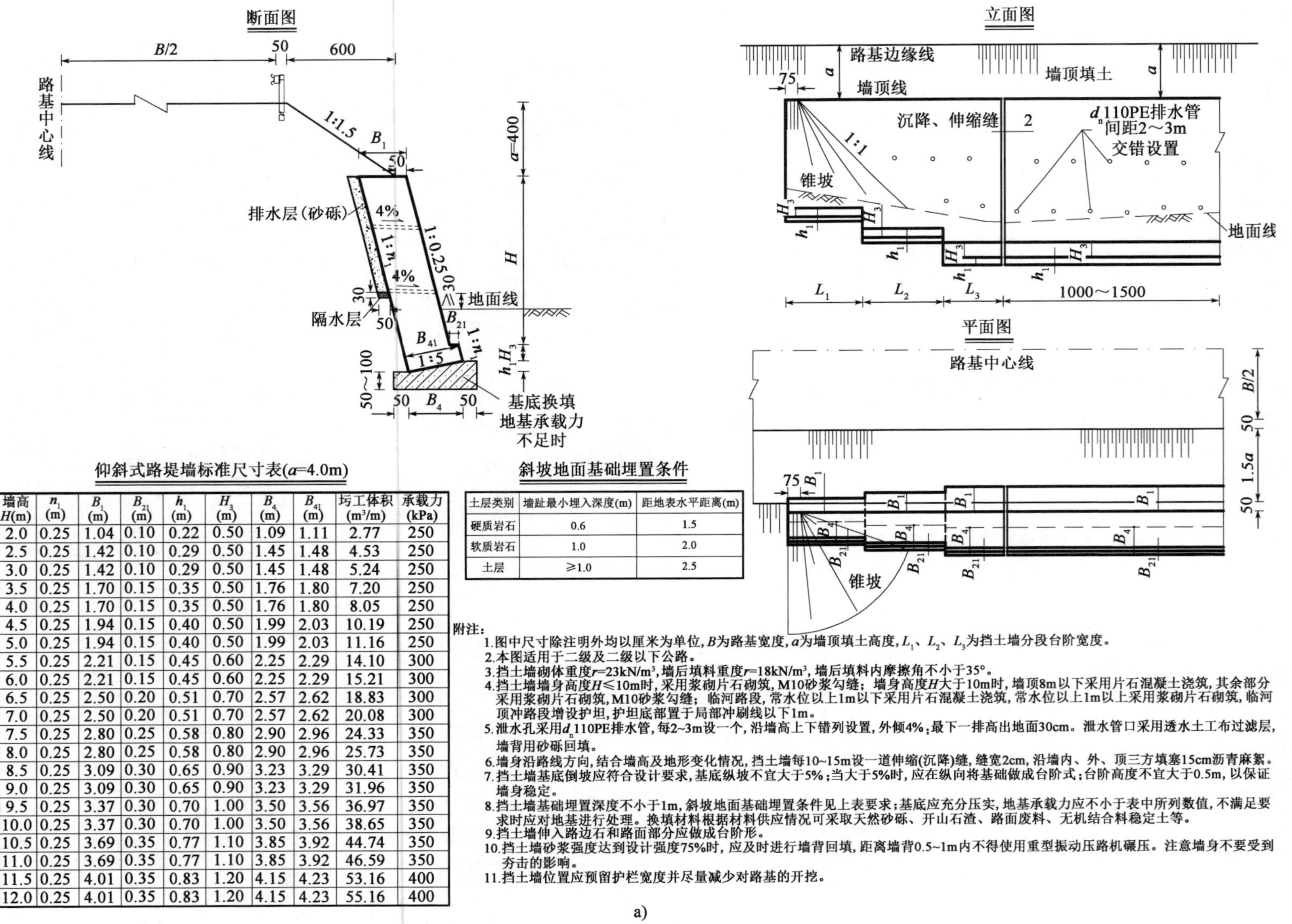

仰斜式路堤墙标准尺寸表(a=4.0m)

墙高 H(m)	n_1 (m)	B_1 (m)	B_{21} (m)	h_1 (m)	H_3 (m)	B_4 (m)	B_{41} (m)	圬工体积 (m^3/m)	承载力 (kPa)
2.0	0.25	1.04	0.10	0.22	0.50	1.09	1.11	2.77	250
2.5	0.25	1.42	0.10	0.29	0.50	1.45	1.48	4.53	250
3.0	0.25	1.42	0.10	0.29	0.50	1.45	1.48	5.24	250
3.5	0.25	1.70	0.15	0.35	0.50	1.76	1.80	7.20	250
4.0	0.25	1.70	0.15	0.35	0.50	1.76	1.80	8.05	250
4.5	0.25	1.94	0.15	0.40	0.50	1.99	2.03	10.19	250
5.0	0.25	1.94	0.15	0.40	0.50	1.99	2.03	11.16	250
5.5	0.25	2.21	0.15	0.45	0.60	2.25	2.29	14.10	300
6.0	0.25	2.21	0.15	0.45	0.60	2.25	2.29	15.21	300
6.5	0.25	2.50	0.20	0.51	0.70	2.57	2.62	18.83	300
7.0	0.25	2.50	0.20	0.51	0.70	2.57	2.62	20.08	300
7.5	0.25	2.80	0.25	0.58	0.80	2.90	2.96	24.33	350
8.0	0.25	2.80	0.25	0.58	0.80	2.90	2.96	25.73	350
8.5	0.25	3.09	0.30	0.65	0.90	3.23	3.29	30.41	350
9.0	0.25	3.09	0.30	0.65	0.90	3.23	3.29	31.96	350
9.5	0.25	3.37	0.30	0.70	1.00	3.50	3.56	36.97	350
10.0	0.25	3.37	0.30	0.70	1.00	3.50	3.56	38.65	350
10.5	0.25	3.69	0.35	0.77	1.10	3.85	3.92	44.74	350
11.0	0.25	3.69	0.35	0.77	1.10	3.85	3.92	46.59	350
11.5	0.25	4.01	0.35	0.83	1.20	4.15	4.23	53.16	400
12.0	0.25	4.01	0.35	0.83	1.20	4.15	4.23	55.16	400

斜坡地面基础埋置条件

土层类别	墙趾最小埋入深度(m)	距地表水平距离(m)
硬质岩石	0.6	1.5
软质岩石	1.0	2.0
土层	≥1.0	2.5

附注:

1. 图中尺寸除注明外均以厘米为单位，B为路基宽度，a为墙顶填土高度，L_1、L_2、L_3为挡土墙分段台阶宽度。
2. 本图适用于二级及二级以下公路。
3. 挡土墙砌体重度r=23kN/m³，墙后填料重度r=18kN/m³，墙后填料内摩擦角不小于35°。
4. 挡土墙墙身高度H≤10m时，采用浆砌片石砌筑，M10砂浆勾缝；墙身高度H大于10m时，墙顶8m以下采用片石混凝土浇筑，其余部分采用浆砌片石砌筑，M10砂浆勾缝；临河路段，常水位以上1m以下采用片石混凝土浇筑，常水位以上1m以上采用浆砌片石砌筑，临河顶冲路段增设护坦，护坦底部置于局部冲刷线以下1m。
5. 泄水孔采用d_n110PE排水管，每2~3m设一个，沿墙高上下错列设置，外倾4%；最下一排高出地面30cm。泄水管口采用透水土工布过滤层，墙背用砂砾回填。
6. 墙身沿路线方向，结合墙高及地形变化情况，挡土墙每10~15m设一道伸缩(沉降)缝，缝宽2cm，沿墙内、外、顶三方填塞15cm沥青麻絮。
7. 挡土墙基底倒坡应符合设计要求，基底纵坡不宜大于5%；当大于5%时，应在纵向将基础做成台阶式；台阶高度不宜大于0.5m，以保证墙身稳定。
8. 挡土墙基础埋置深度不小于1m，斜坡地面基础埋置条件见上表要求；基底应充分压实，地基承载力应不小于表中所列数值，不满足要求时应对地基进行处理。换填材料根据材料供应情况可采取天然砂砾、开山石渣、路面废料、无机结合料稳定土等。
9. 挡土墙伸入路边石和路面部分应做成台阶形。
10. 挡土墙砂浆强度达到设计强度75%时，应及时进行墙背回填，距离墙背0.5~1m内不得使用重型振动压路机碾压。注意墙身不要受到夯击的影响。
11. 挡土墙位置应预留护栏宽度并尽量减少对路基的开挖。

a)

附图 1.3

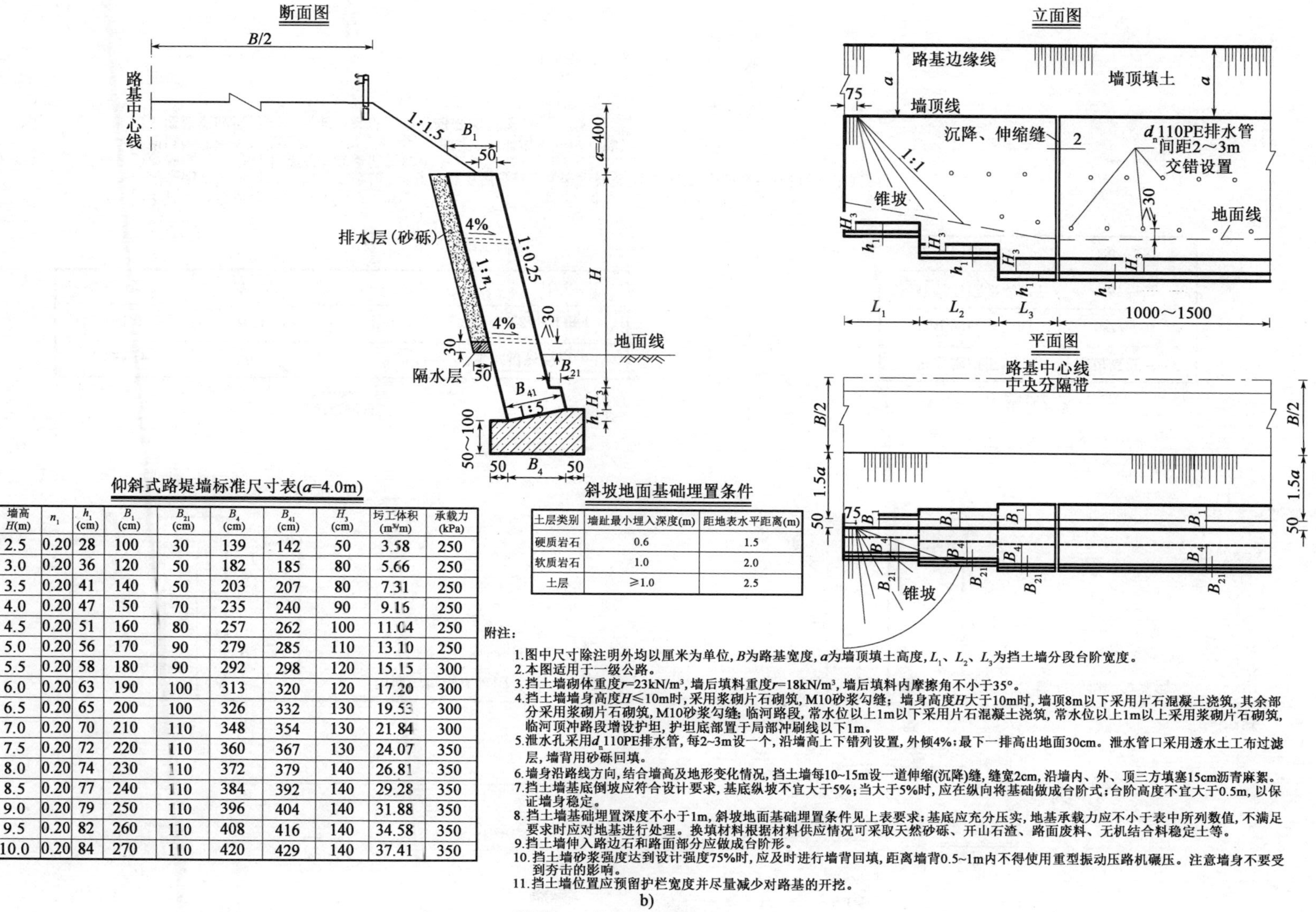

仰斜式路堤墙标准尺寸表(a=4.0m)

墙高 H(m)	n_1	h_1 (cm)	B_1 (cm)	B_{21} (cm)	B_4 (cm)	B_{41} (cm)	H_3 (cm)	圬工体积 (m³/m)	承载力 (kPa)
2.5	0.20	28	100	30	139	142	50	3.58	250
3.0	0.20	36	120	50	182	185	80	5.66	250
3.5	0.20	41	140	50	203	207	80	7.31	250
4.0	0.20	47	150	70	235	240	90	9.15	250
4.5	0.20	51	160	80	257	262	100	11.04	250
5.0	0.20	56	170	90	279	285	110	13.10	250
5.5	0.20	58	180	90	292	298	120	15.15	300
6.0	0.20	63	190	100	313	320	120	17.20	300
6.5	0.20	65	200	100	326	332	130	19.53	300
7.0	0.20	70	210	110	348	354	130	21.84	300
7.5	0.20	72	220	110	360	367	130	24.07	350
8.0	0.20	74	230	110	372	379	140	26.81	350
8.5	0.20	77	240	110	384	392	140	29.28	350
9.0	0.20	79	250	110	396	404	140	31.88	350
9.5	0.20	82	260	110	408	416	140	34.58	350
10.0	0.20	84	270	110	420	429	140	37.41	350

斜坡地面基础埋置条件

土层类别	墙趾最小埋入深度(m)	距地表水平距离(m)
硬质岩石	0.6	1.5
软质岩石	1.0	2.0
土层	≥1.0	2.5

附注：

1. 图中尺寸除注明外均以厘米为单位，B为路基宽度，a为墙顶填土高度，L_1、L_2、L_3为挡土墙分段台阶宽度。
2. 本图适用于一级公路。
3. 挡土墙砌体重度r=23kN/m³，墙后填料重度r=18kN/m³，墙后填料内摩擦角不小于35°。
4. 挡土墙墙身高度H≤10m时，采用浆砌片石砌筑，M10砂浆勾缝；墙身高度H大于10m时，墙顶8m以下采用片石混凝土浇筑，其余部分采用浆砌片石砌筑，M10砂浆勾缝；临河路段，常水位以上1m以下采用片石混凝土浇筑，常水位以上1m以上采用浆砌片石砌筑，临河顶冲路段增设护坦，护坦底部置于局部冲刷线以下1m。
5. 泄水孔采用d_n110PE排水管，每2~3m设一个，沿墙高上下错列设置，外倾4%；最下一排高出地面30cm。泄水管口采用透水土工布过滤层，墙背用砂砾回填。
6. 墙身沿路线方向，结合墙高及地形变化情况，挡土墙每10~15m设一道伸缩(沉降)缝，缝宽2cm，沿墙内、外、顶三方填塞15cm沥青麻絮。
7. 挡土墙基底倒坡应符合设计要求，基底纵坡不宜大于5%；当大于5%时，应在纵向将基础做成台阶式；台阶高度不宜大于0.5m，以保证墙身稳定。
8. 挡土墙基础埋置深度不小于1m，斜坡地面基础埋置条件见上表要求；基底应充分压实，地基承载力应不小于表中所列数值，不满足要求时应对地基进行处理。换填材料根据材料供应情况可采取天然砂砾、开山石渣、路面废料、无机结合料稳定土等。
9. 挡土墙伸入路边石和路面部分应做成台阶形。
10. 挡土墙砂浆强度达到设计强度75%时，应及时进行墙背回填，距离墙背0.5~1m内不得使用重型振动压路机碾压。注意墙身不要受到夯击的影响。
11. 挡土墙位置应预留护栏宽度并尽量减少对路基的开挖。

b)

附图1.3　仰斜式路堤墙设计图示例

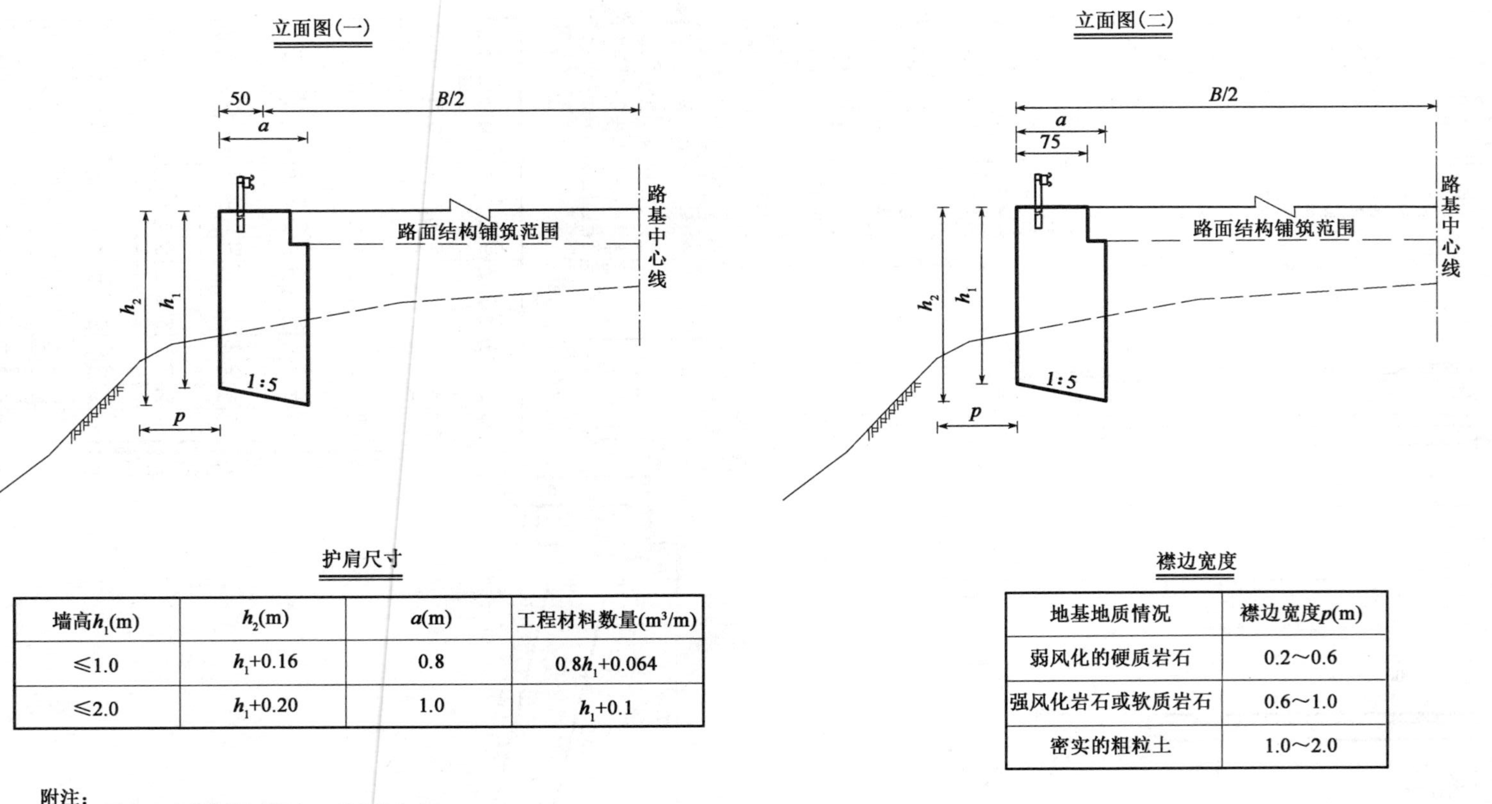

护肩尺寸

墙高h_1(m)	h_2(m)	a(m)	工程材料数量(m^3/m)
≤1.0	h_1+0.16	0.8	0.8h_1+0.064
≤2.0	h_1+0.20	1.0	h_1+0.1

襟边宽度

地基地质情况	襟边宽度p(m)
弱风化的硬质岩石	0.2～0.6
强风化岩石或软质岩石	0.6～1.0
密实的粗粒土	1.0～2.0

附注：

1.图中尺寸单位以厘米计，B为路基宽度。
2.护肩采用当地不易风化的片石砌筑，高度一般不超过2m，其内、外坡均直立，基底面以1∶5坡度向内倾斜。
3.护肩基础设在岩石上或设在密实的粗粒土上。
4.立面图(一)适用于二级及二级以下公路，立面图(二)适用于一级公路。
5.挡土墙位置应预留护栏宽度并尽量减少对路基的开挖。

附图1.4　护肩墙设计图示例

路堑墙断面图

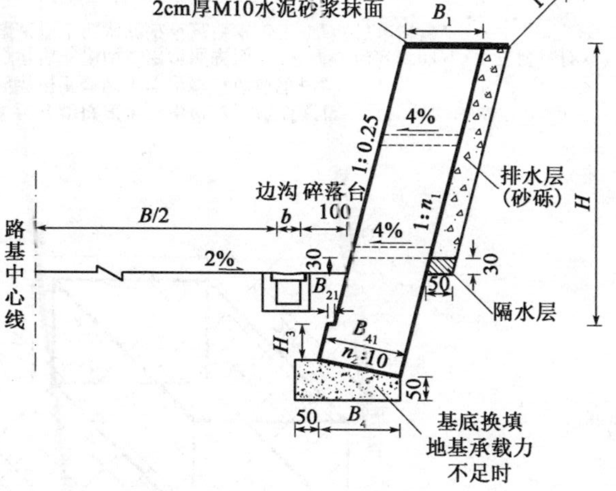

路堑墙立面图

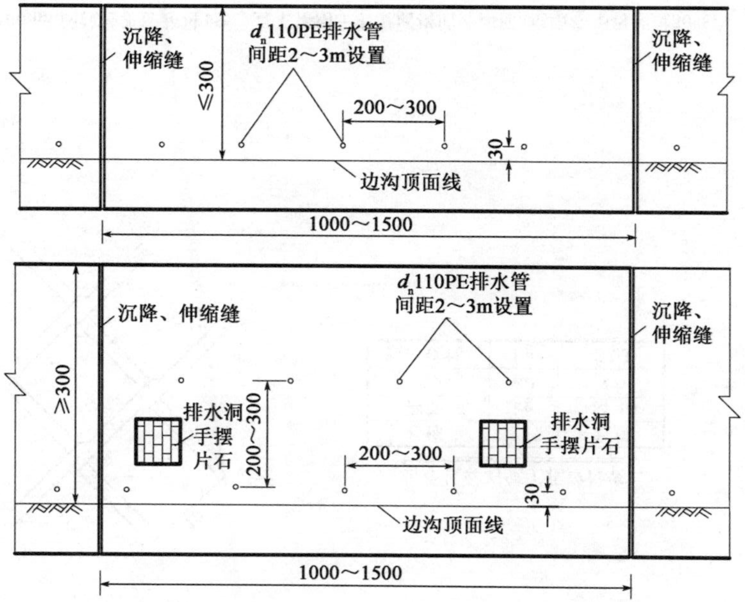

路堑墙标准尺寸表

墙高H (m)	n_1	n_2	B_1 (cm)	B_{21} (cm)	B_4 (cm)	B_{41} (cm)	H_3 (cm)	圬工体积 (m^3/m)
2.0	0.25	2	50	10	57	58	50	1.33
3.0	0.25	2	62	15	73	75	50	2.30
4.0	0.25	2	80	15	90	92	50	3.76
5.0	0.25	2	93	15	103	105	50	5.30
6.0	0.25	2	109	15	118	120	60	7.43
7.0	0.25	2	126	20	139	142	70	10.05
8.0	0.25	2	142	25	159	162	80	12.96
10.0	0.25	2	178	30	198	202	100	20.29

附注：

1. 图中尺寸均以厘米为单位，B为路基宽度，b为边沟宽度。
2. 路堑墙墙身采用浆砌片石砌筑。
3. 路堑墙地基承载力不小于250kPa，基底在路肩以下不应小于1m，并低于边沟砌体底面不小于0.2m。
4. 路堑墙沿纵向每隔10~15m设一道沉降伸缩缝，缝宽2cm，沿墙顶、内、外三侧填以15cm深的沥青麻絮。
5. 泄水孔采用d_n110PE排水管，孔间间距2~3m，上下交错布置，外倾4%；最下一排高出地面30cm；泄水孔进水口用砂砾石回填。
6. 边坡含水量较大的路段，每隔3m设置0.8~1m矩形排水洞，洞内手摆片石填充，以增强挡土墙泄水能力。
7. 墙背后松散体不宜全部清除的，可结合现场情况适当加大挡土墙尺寸。

附图1.5　路堑墙设计图示例

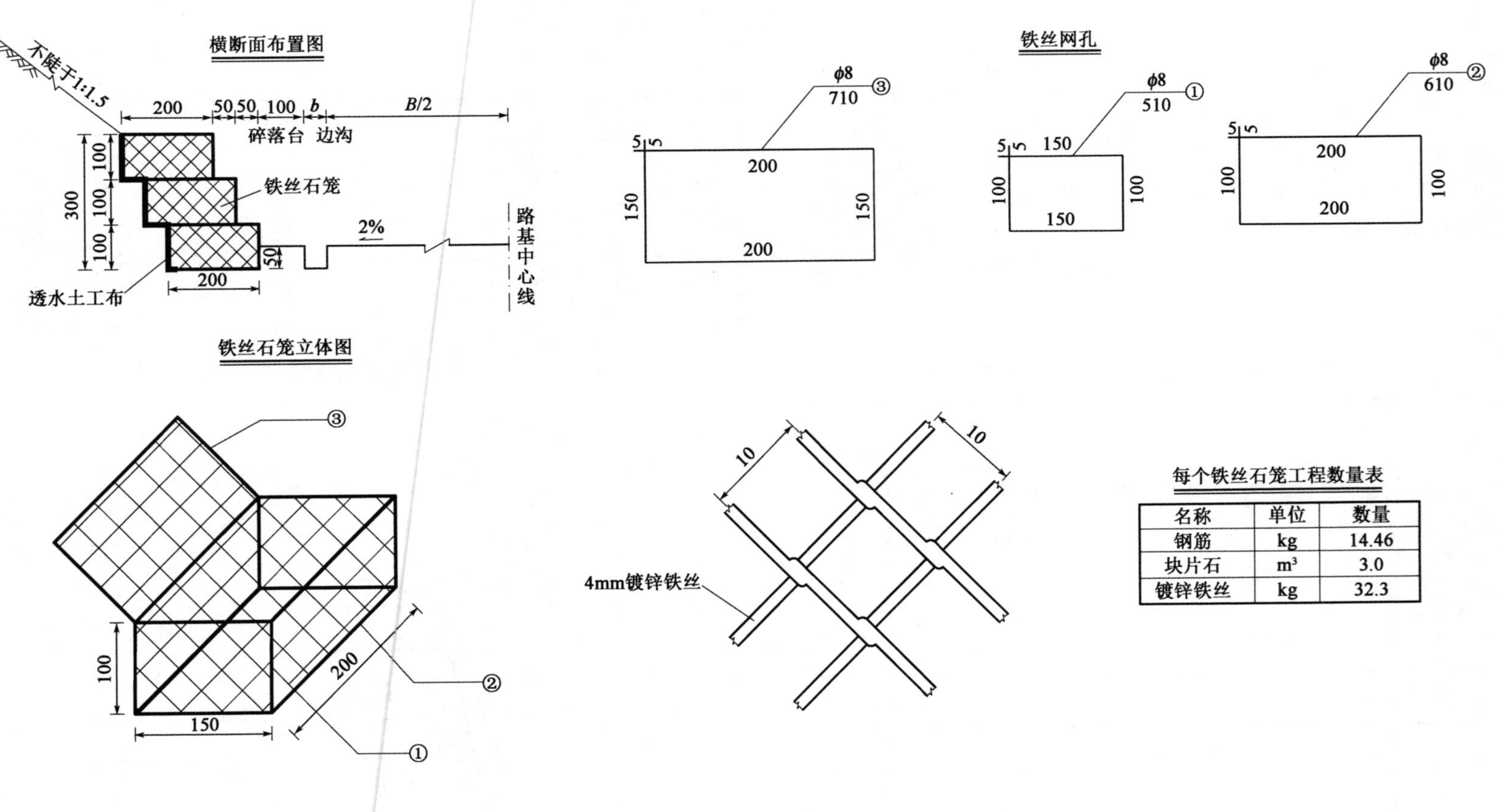

每个铁丝石笼工程数量表

名称	单位	数量
钢筋	kg	14.46
块片石	m^3	3.0
镀锌铁丝	kg	32.3

附注:

1.本图尺寸均以厘米为单位,*B*为路基宽度。

2.本图适用于膨胀土路段挖方边坡防护。

3.石笼内填充物应采用质地坚硬、不易崩解和水解的片石,石料粒径宜为100~300mm,小于100mm的粒径不应超过15%,且不得用于石笼网格的外露面,空隙率不得超过30%。

4.石笼式挡土墙墙背应设置透水土工布,以防止淤堵。

附图1.6 石笼式挡土墙设计图示例

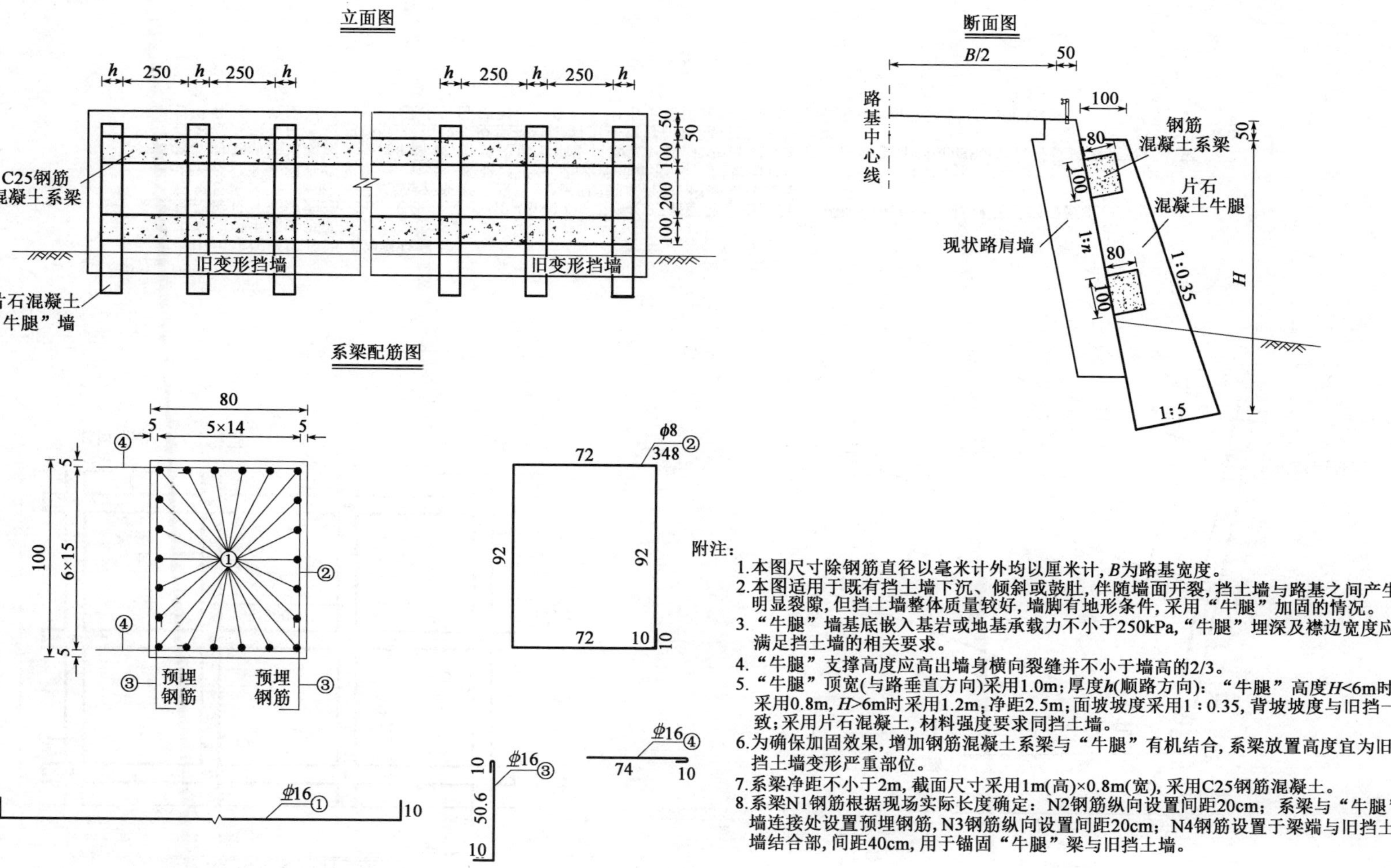

附注：

1. 本图尺寸除钢筋直径以毫米计外均以厘米计，B为路基宽度。
2. 本图适用于既有挡土墙下沉、倾斜或鼓肚，伴随墙面开裂，挡土墙与路基之间产生明显裂隙，但挡土墙整体质量较好，墙脚有地形条件，采用“牛腿”加固的情况。
3. “牛腿”墙基底嵌入基岩或地基承载力不小于250kPa，“牛腿”埋深及襟边宽度应满足挡土墙的相关要求。
4. “牛腿”支撑高度应高出墙身横向裂缝并不小于墙高的2/3。
5. “牛腿”顶宽(与路垂直方向)采用1.0m；厚度h(顺路方向)：“牛腿”高度$H<6$m时采用0.8m，$H>6$m时采用1.2m；净距2.5m；面坡坡度采用1：0.35，背坡坡度与旧挡一致；采用片石混凝土，材料强度要求同挡土墙。
6. 为确保加固效果，增加钢筋混凝土系梁与“牛腿”有机结合，系梁放置高度宜为旧挡土墙变形严重部位。
7. 系梁净距不小于2m，截面尺寸采用1m(高)×0.8m(宽)，采用C25钢筋混凝土。
8. 系梁N1钢筋根据现场实际长度确定：N2钢筋纵向设置间距20cm；系梁与“牛腿”墙连接处设置预埋钢筋，N3钢筋纵向设置间距20cm；N4钢筋设置于梁端与旧挡土墙结合部，间距40cm，用于锚固“牛腿”梁与旧挡土墙。

附图1.7　“牛腿”加固挡土墙设计图示例

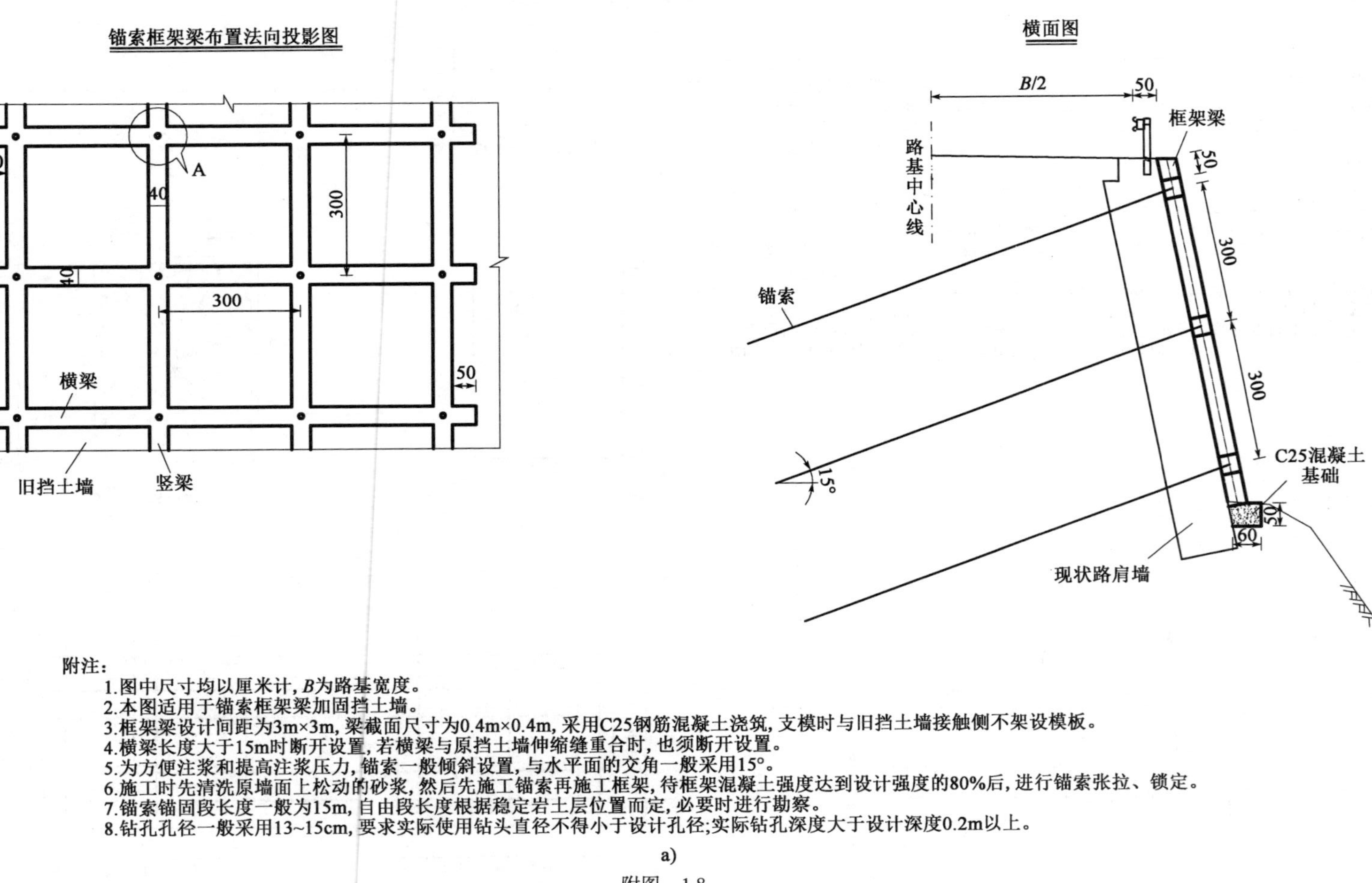

附注:

1.图中尺寸均以厘米计,B为路基宽度。
2.本图适用于锚索框架梁加固挡土墙。
3.框架梁设计间距为3m×3m,梁截面尺寸为0.4m×0.4m,采用C25钢筋混凝土浇筑,支模时与旧挡土墙接触侧不架设模板。
4.横梁长度大于15m时断开设置,若横梁与原挡土墙伸缩缝重合时,也须断开设置。
5.为方便注浆和提高注浆压力,锚索一般倾斜设置,与水平面的交角一般采用15°。
6.施工时先清洗原墙面上松动的砂浆,然后先施工锚索再施工框架,待框架混凝土强度达到设计强度的80%后,进行锚索张拉、锁定。
7.锚索锚固段长度一般为15m,自由段长度根据稳定岩土层位置而定,必要时进行勘察。
8.钻孔孔径一般采用13~15cm,要求实际使用钻头直径不得小于设计孔径;实际钻孔深度大于设计深度0.2m以上。

a)

附图 1.8

框架梁配筋图

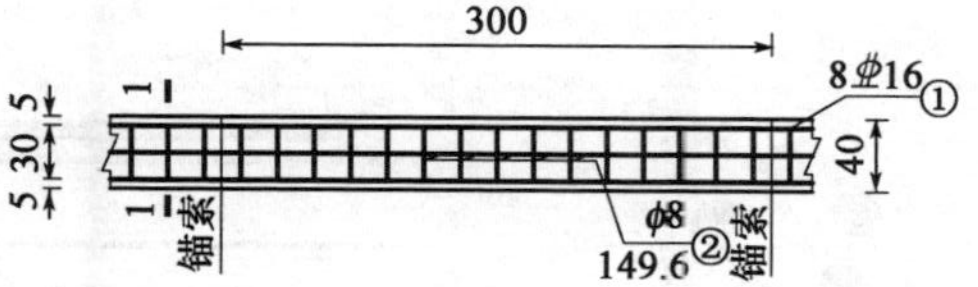

1-1断面

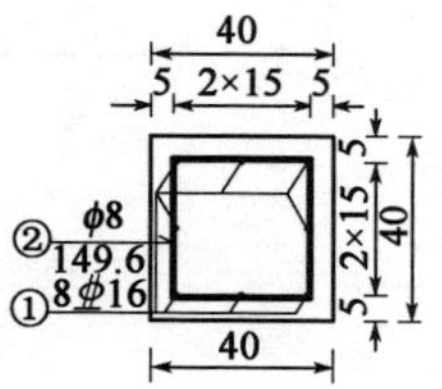

A节点配筋图

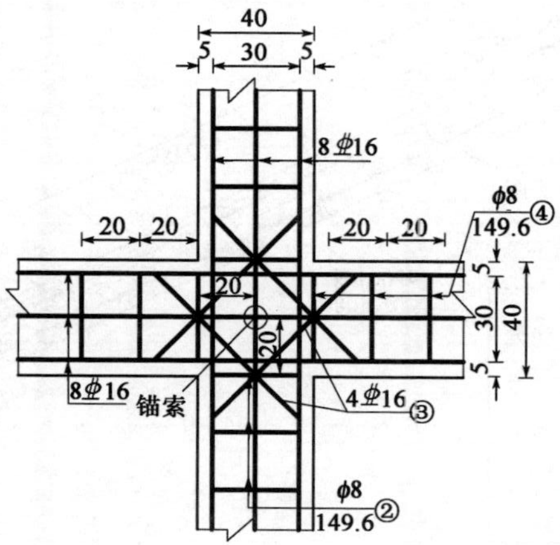

每延米框架梁工程数量表

钢筋明细表					
编号	规格	长度(cm)	根数	合计(m)	共重(kg)
①	ϕ16	100	8	8.00	12.624
②	ϕ8	149.6	5	7.48	2.955
框架C25混凝土：0.16立方米					

一个节点工程数量表

钢筋明细表					
编号	规格	长度(cm)	根数	合计(m)	共重(kg)
③	ϕ16	102.32	8	8.186	12.918

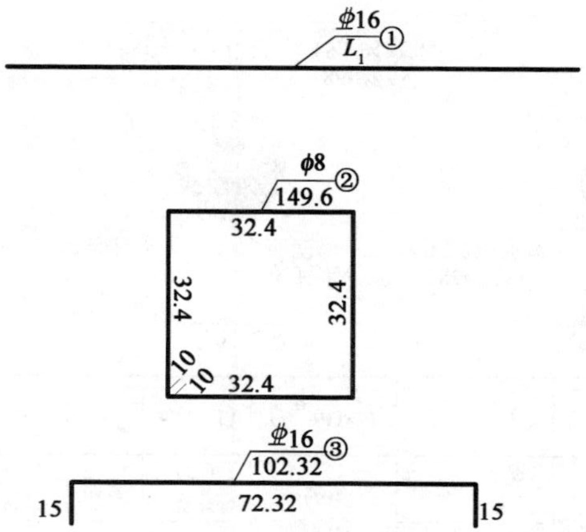

附注：

1.本图尺寸除钢筋直径以毫米计外，其余均以厘米为单位。

2.图中L_1为梁的长度。

b)

附图　1.8

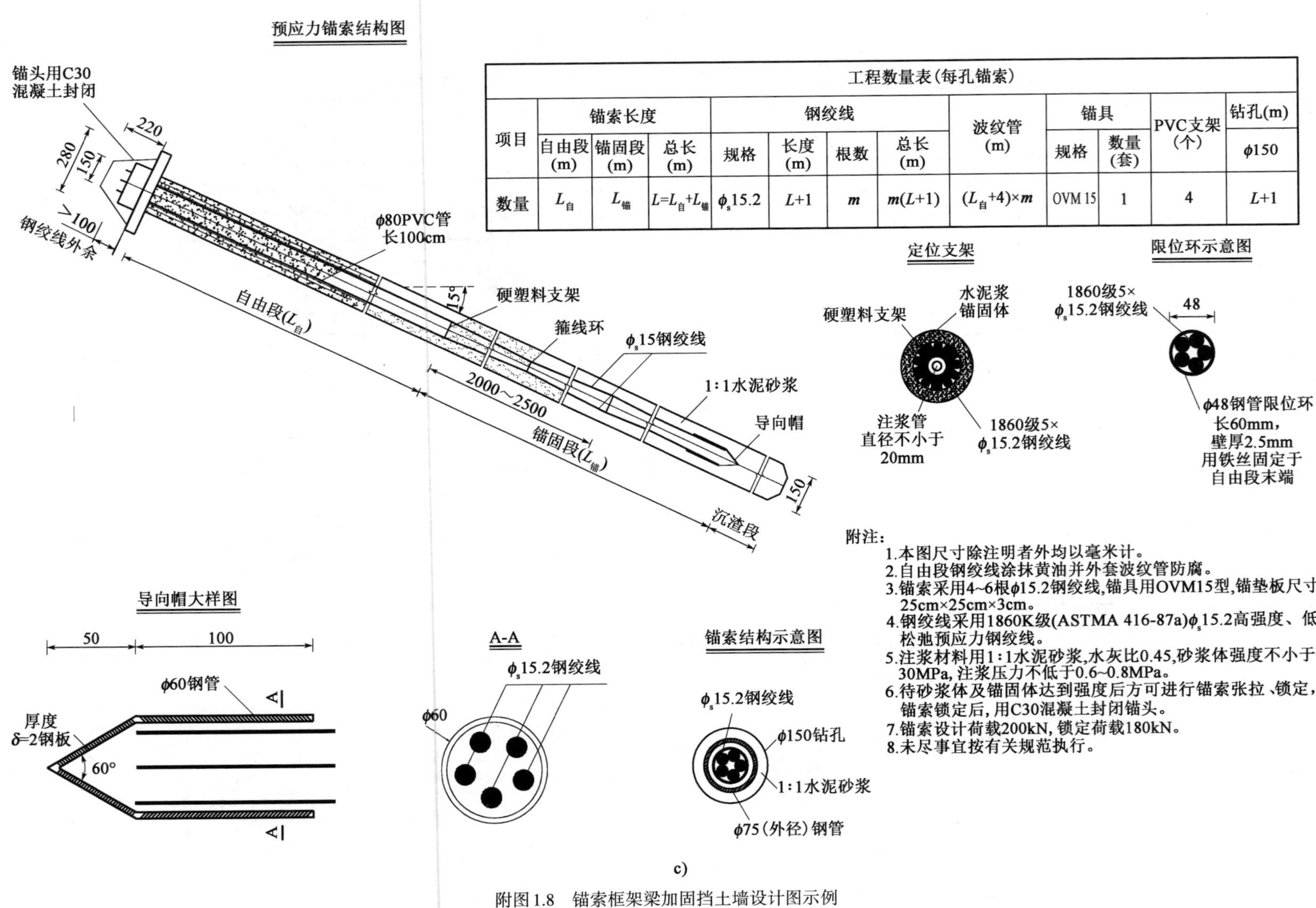

工程数量表（每孔锚索）

项目	锚索长度			钢绞线				波纹管(m)	锚具		PVC支架(个)	钻孔(m)
	自由段(m)	锚固段(m)	总长(m)	规格	长度(m)	根数	总长(m)		规格	数量(套)		φ150
数量	$L_自$	$L_锚$	$L=L_自+L_锚$	ϕ_s15.2	$L+1$	m	$m(L+1)$	$(L_自+4)\times m$	OVM 15	1	4	$L+1$

附注：

1. 本图尺寸除注明者外均以毫米计。
2. 自由段钢绞线涂抹黄油并外套波纹管防腐。
3. 锚索采用4~6根φ15.2钢绞线，锚具用OVM15型，锚垫板尺寸25cm×25cm×3cm。
4. 钢绞线采用1860K级(ASTMA 416-87a)ϕ_s15.2高强度、低松弛预应力钢绞线。
5. 注浆材料用1∶1水泥砂浆，水灰比0.45，砂浆体强度不小于30MPa，注浆压力不低于0.6~0.8MPa。
6. 待砂浆体及锚固体达到强度后方可进行锚索张拉、锁定，锚索锁定后，用C30混凝土封闭锚头。
7. 锚索设计荷载200kN，锁定荷载180kN。
8. 未尽事宜按有关规范执行。

c)

附图1.8　锚索框架梁加固挡土墙设计图示例

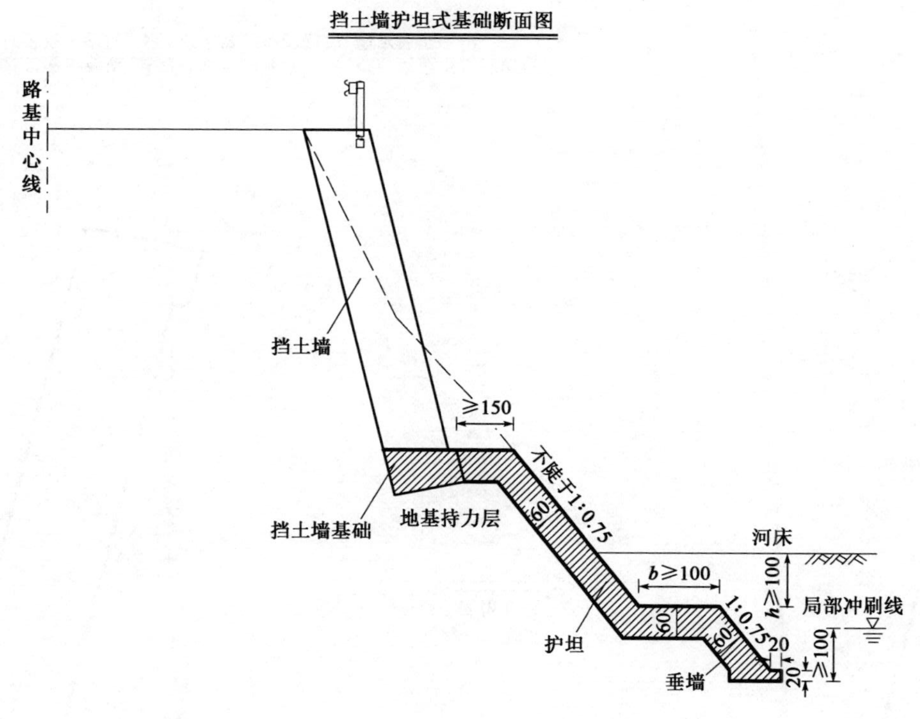

附注：

1.图中尺寸均以厘米为单位。
2.本图适用于临河下边坡表层土体溜塌、边坡高度不大于10m且下部地形横坡不陡于1:0.75的土质路段。
3.护坦采用(片石)混凝土，材料强度要求同挡土墙，厚度宜为0.6m。
4.护坦水平面板应埋入河床床面以下，埋入深度*h*为：沙质河床取1~2m，卵石、圆石河床取1m。
5.护坦宽度*b*不应小于1m，宜取1.5~3m。
6.挡土墙基础与护坦连接处必须形成整体，护坦顶板和垂裙浇筑完成后，应用较大粒径的床沙回填密实。

附图1.9　挡土墙护坦式基础设计图示例

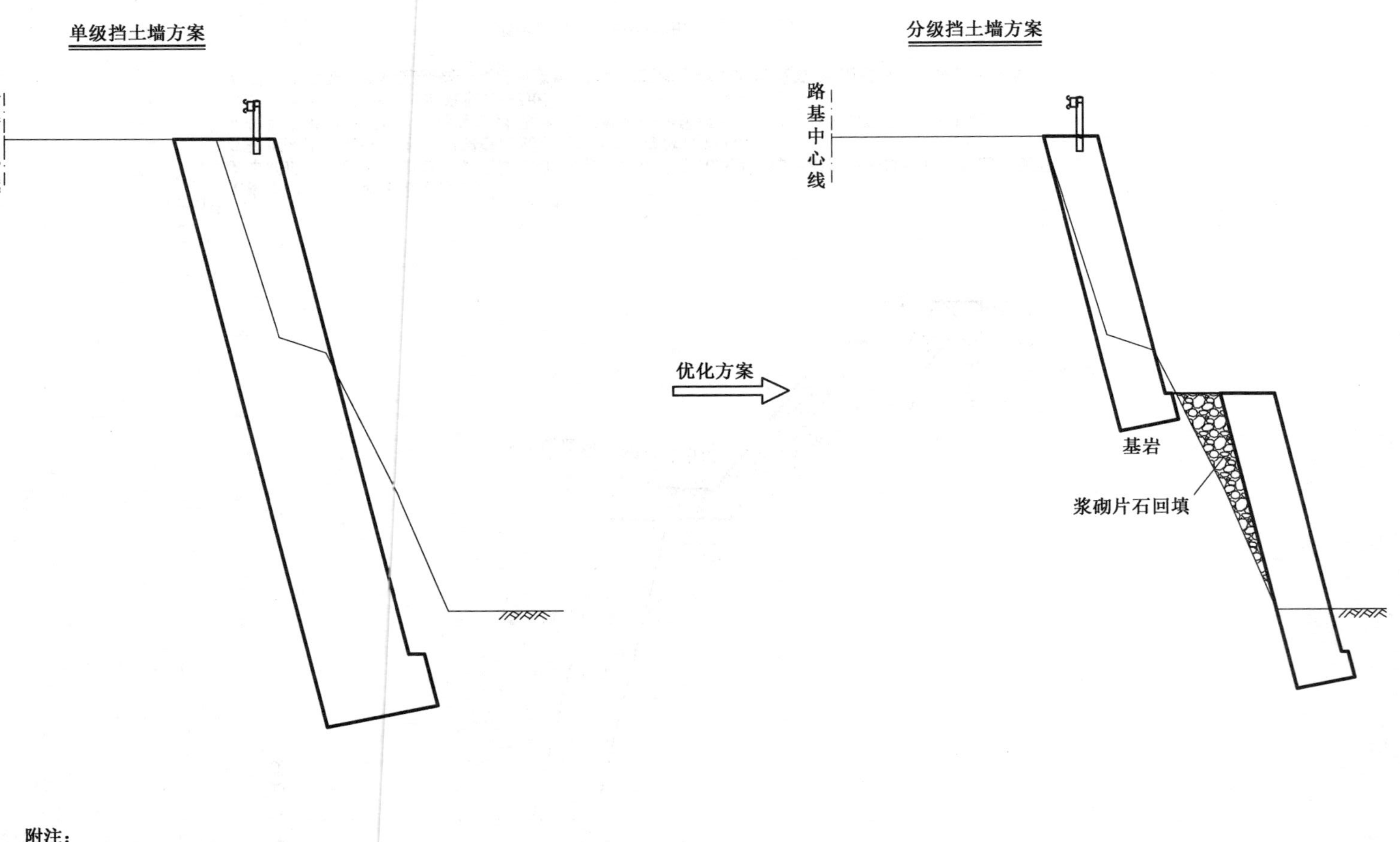

附注：

1.图中尺寸均以厘米为单位。

2.本图适用于下边坡表层覆土溜塌，基岩外露且边坡高、陡、襟边宽度不足的路段。

3.上级挡土墙基底应位于稳定岩层，下级挡土墙起保护襟边、稳定坡脚作用。

附图1.10　分级挡土墙设计图示例

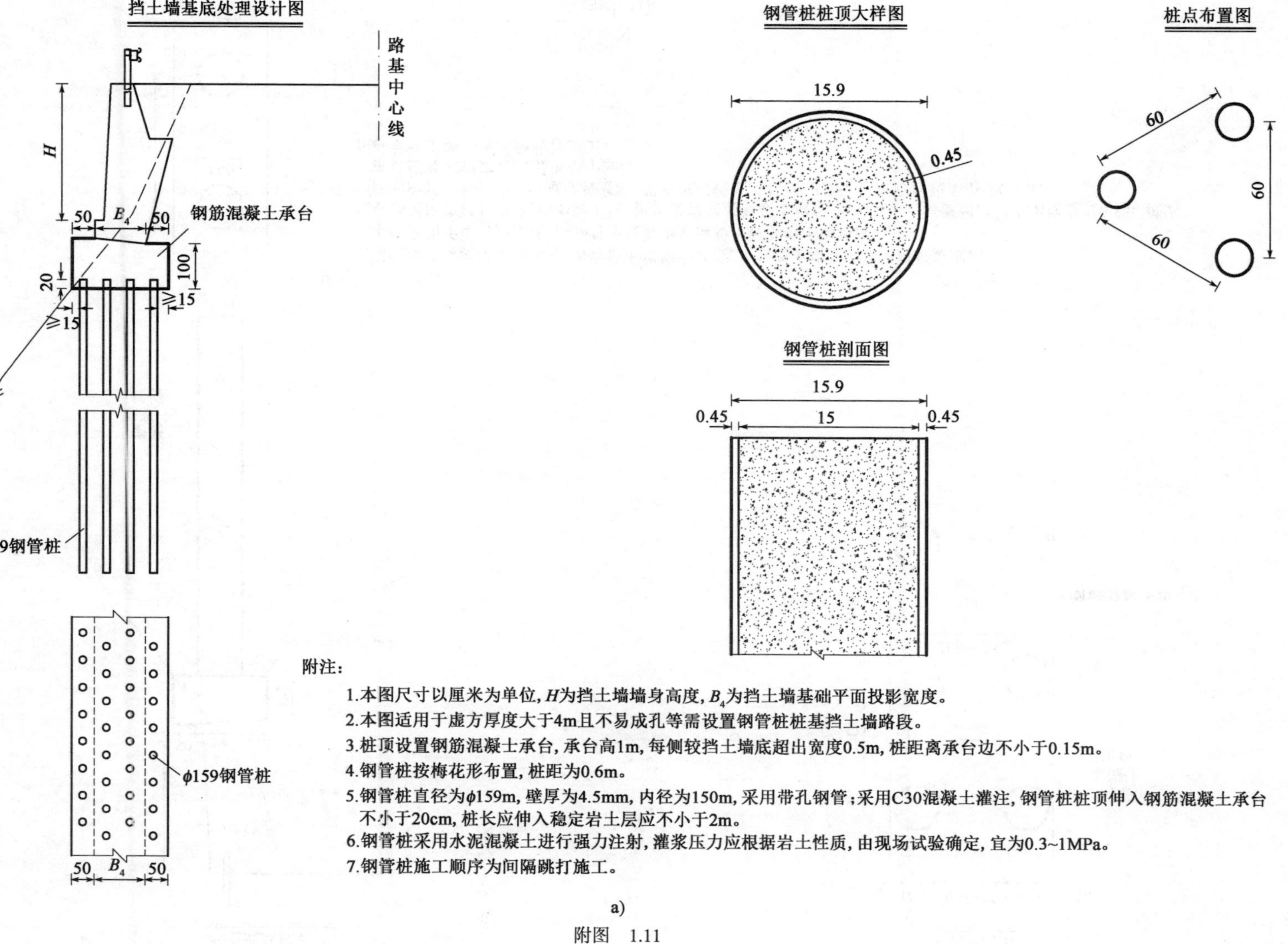

附注：

1.本图尺寸以厘米为单位，H为挡土墙墙身高度，B_4为挡土墙基础平面投影宽度。

2.本图适用于虚方厚度大于4m且不易成孔等需设置钢管桩桩基挡土墙路段。

3.桩顶设置钢筋混凝土承台，承台高1m，每侧较挡土墙底超出宽度0.5m，桩距离承台边不小于0.15m。

4.钢管桩按梅花形布置，桩距为0.6m。

5.钢管桩直径为ϕ159m，壁厚为4.5mm，内径为150m，采用带孔钢管；采用C30混凝土灌注，钢管桩桩顶伸入钢筋混凝土承台不小于20cm，桩长应伸入稳定岩土层应不小于2m。

6.钢管桩采用水泥混凝土进行强力注射，灌浆压力应根据岩土性质，由现场试验确定，宜为0.3~1MPa。

7.钢管桩施工顺序为间隔跳打施工。

a)

附图　1.11

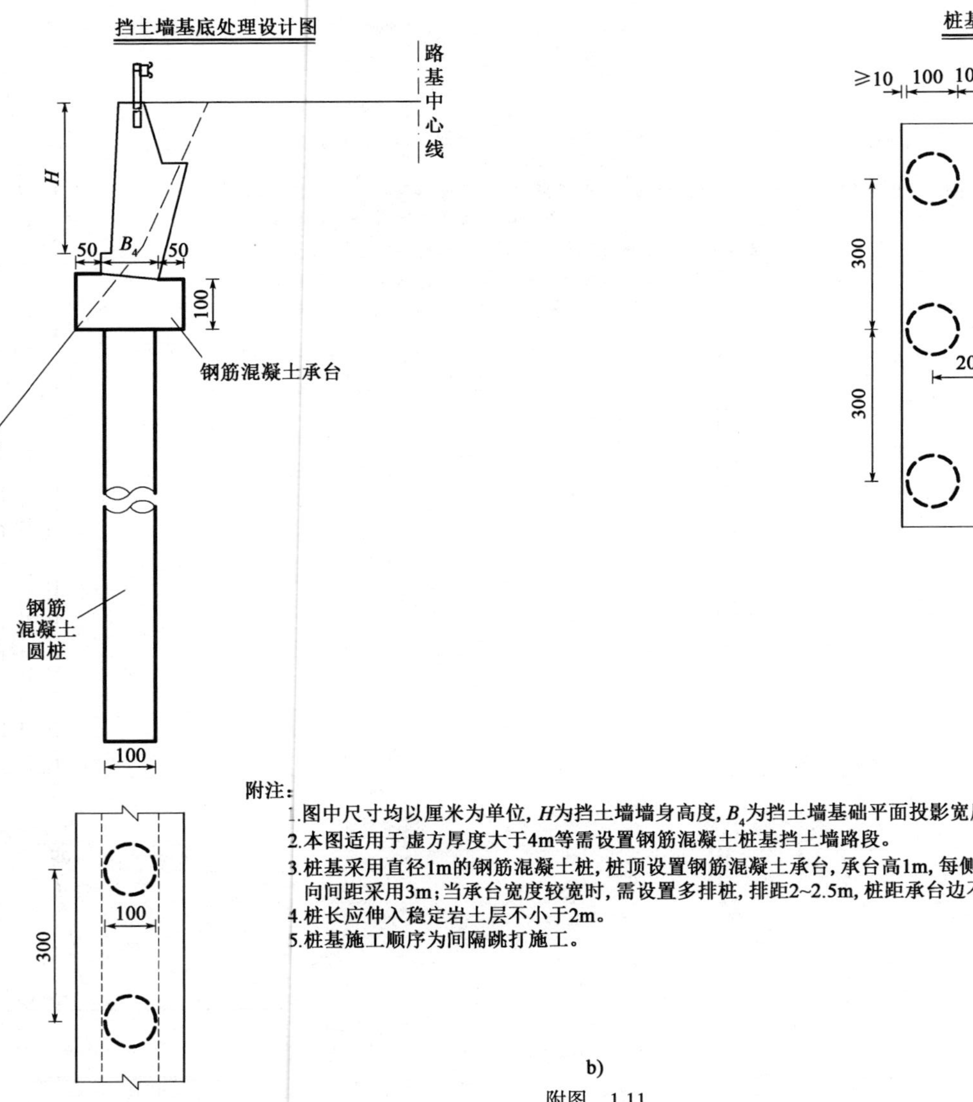

附注：

1.图中尺寸均以厘米为单位，H为挡土墙墙身高度，B_4为挡土墙基础平面投影宽度。

2.本图适用于虚方厚度大于4m等需设置钢筋混凝土桩基挡土墙路段。

3.桩基采用直径1m的钢筋混凝土桩，桩顶设置钢筋混凝土承台，承台高1m，每侧超出挡土墙底宽度0.5m，桩纵向间距采用3m；当承台宽度较宽时，需设置多排桩，排距2~2.5m，桩距承台边不小于0.1m。

4.桩长应伸入稳定岩土层不小于2m。

5.桩基施工顺序为间隔跳打施工。

b)

附图　1.11

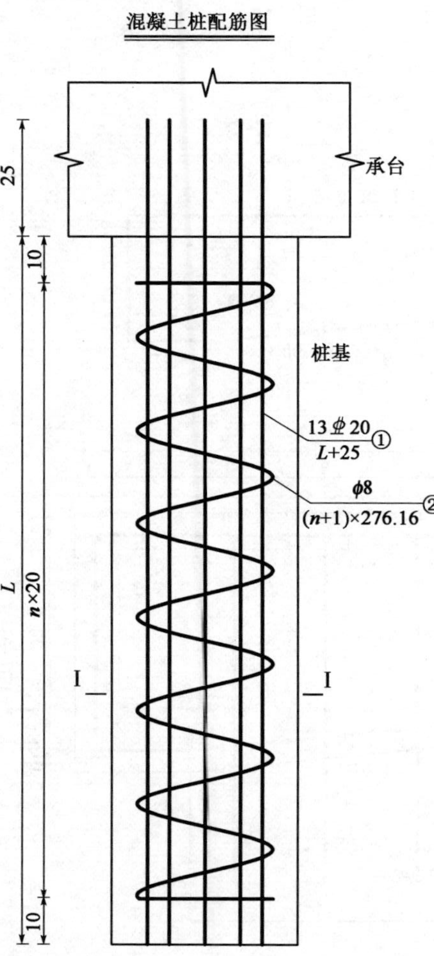

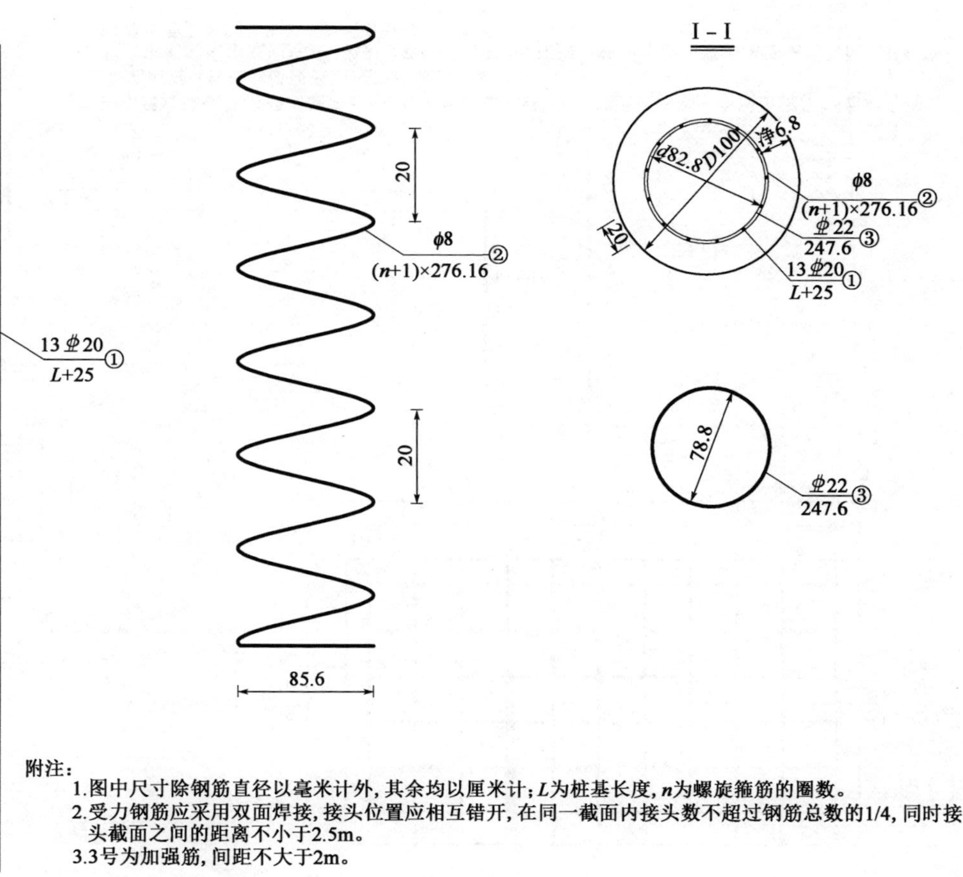

附注：

1.图中尺寸除钢筋直径以毫米计外，其余均以厘米计；*L*为桩基长度，*n*为螺旋箍筋的圈数。

2.受力钢筋应采用双面焊接，接头位置应相互错开，在同一截面内接头数不超过钢筋总数的1/4，同时接头截面之间的距离不小于2.5m。

3.3号为加强筋，间距不大于2m。

c)

附图　1.11

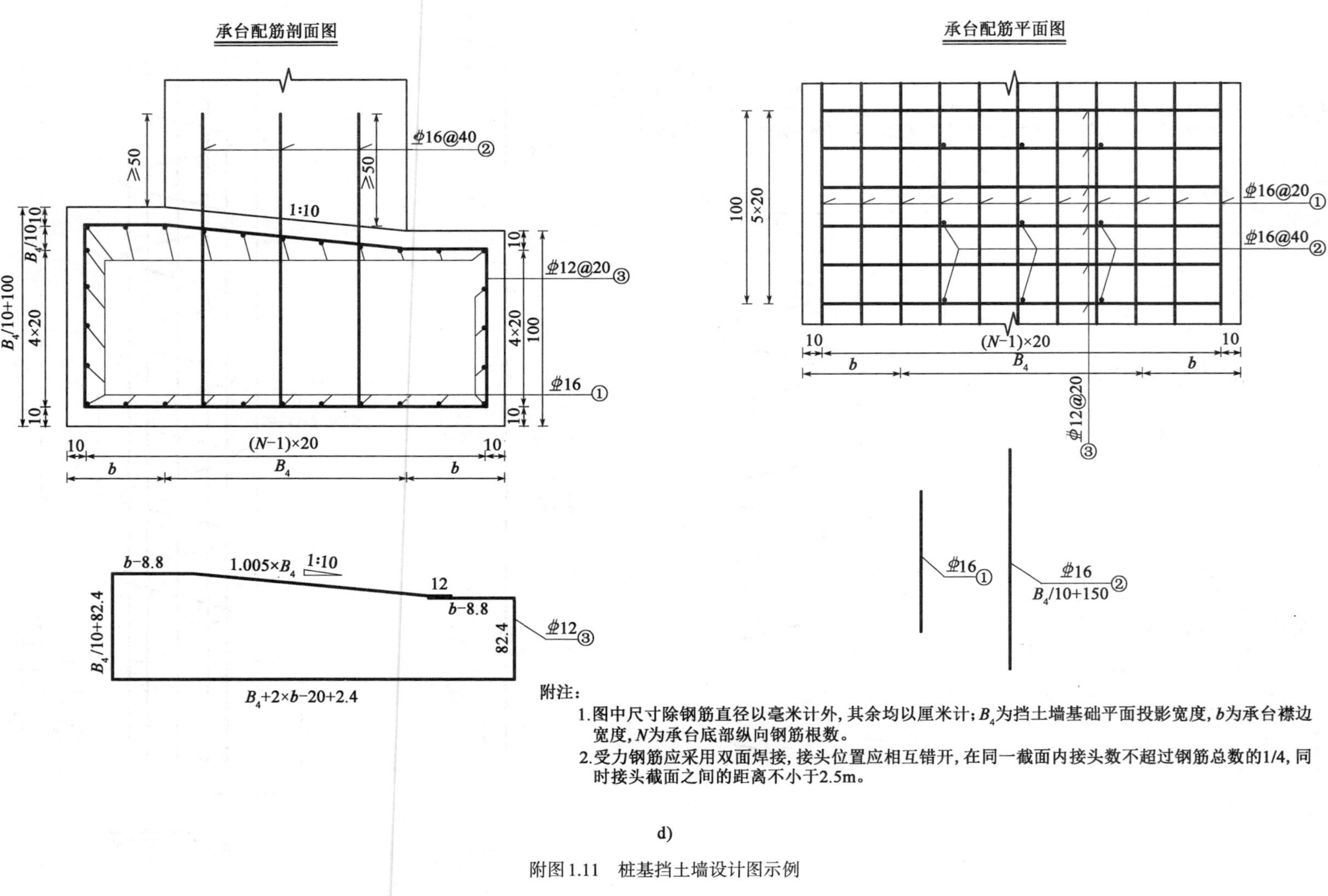

附注：

1. 图中尺寸除钢筋直径以毫米计外，其余均以厘米计；B_4为挡土墙基础平面投影宽度，b为承台襟边宽度，N为承台底部纵向钢筋根数。
2. 受力钢筋应采用双面焊接，接头位置应相互错开，在同一截面内接头数不超过钢筋总数的1/4，同时接头截面之间的距离不小于2.5m。

d)

附图1.11　桩基挡土墙设计图示例

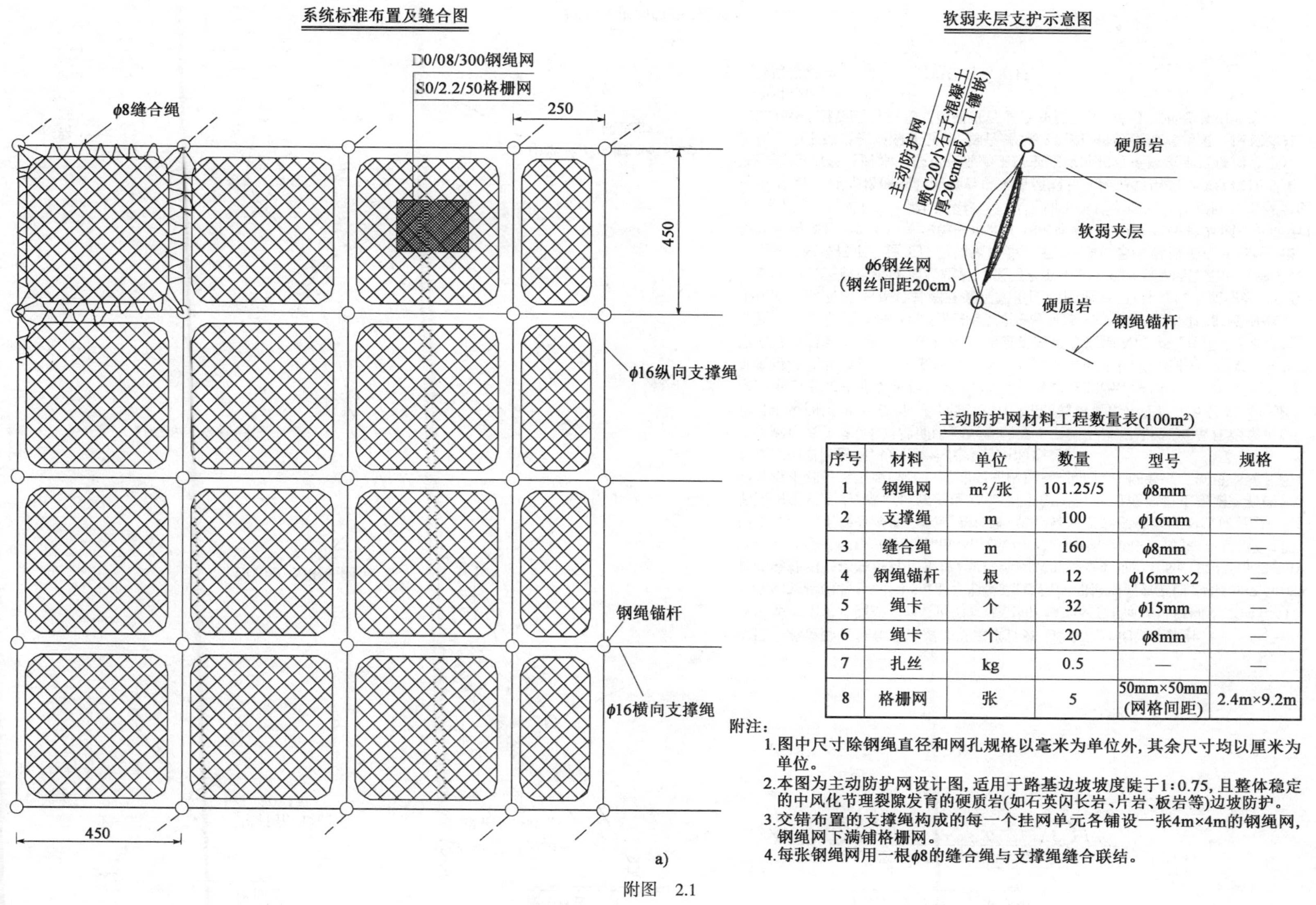

主动防护网材料工程数量表(100m²)

序号	材料	单位	数量	型号	规格
1	钢绳网	m²/张	101.25/5	φ8mm	—
2	支撑绳	m	100	φ16mm	—
3	缝合绳	m	160	φ8mm	—
4	钢绳锚杆	根	12	φ16mm×2	—
5	绳卡	个	32	φ15mm	—
6	绳卡	个	20	φ8mm	—
7	扎丝	kg	0.5	—	—
8	格栅网	张	5	50mm×50mm(网格间距)	2.4m×9.2m

附注：

1. 图中尺寸除钢绳直径和网孔规格以毫米为单位外，其余尺寸均以厘米为单位。
2. 本图为主动防护网设计图，适用于路基边坡坡度陡于1:0.75，且整体稳定的中风化节理裂隙发育的硬质岩(如石英闪长岩、片岩、板岩等)边坡防护。
3. 交错布置的支撑绳构成的每一个挂网单元各铺设一张4m×4m的钢绳网，钢绳网下满铺格栅网。
4. 每张钢绳网用一根φ8的缝合绳与支撑绳缝合联结。

a)

附图 2.1

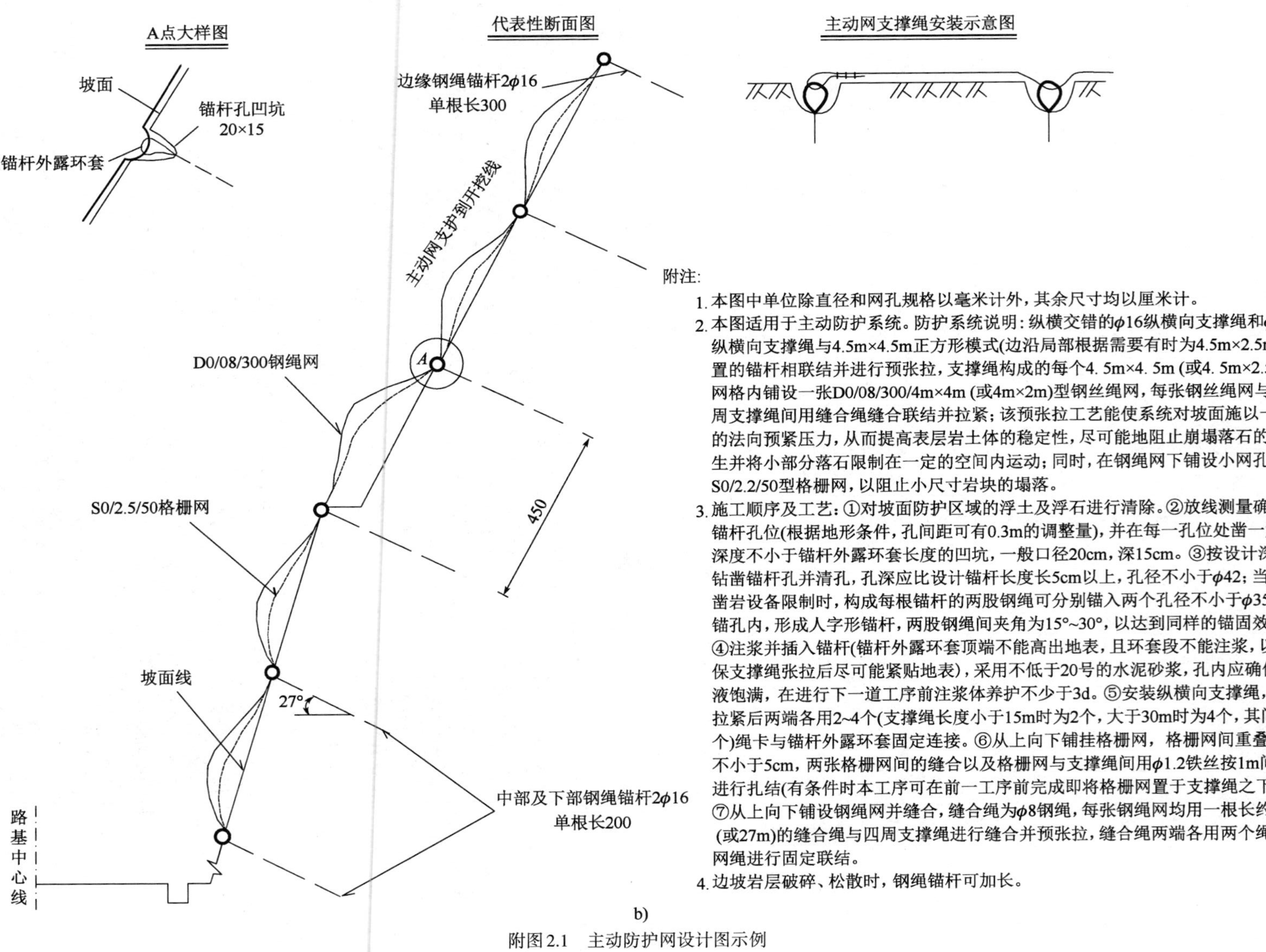

附注:

1. 本图中单位除直径和网孔规格以毫米计外，其余尺寸均以厘米计。
2. 本图适用于主动防护系统。防护系统说明：纵横交错的φ16纵横向支撑绳和φ12纵横向支撑绳与4.5m×4.5m正方形模式(边沿局部根据需要有时为4.5m×2.5m)布置的锚杆相联结并进行预张拉，支撑绳构成的每个4. 5m×4. 5m (或4. 5m×2.5m)网格内铺设一张D0/08/300/4m×4m (或4m×2m)型钢丝绳网，每张钢丝绳网与四周支撑绳间用缝合绳缝合联结并拉紧；该预张拉工艺能使系统对坡面施以一定的法向预紧压力，从而提高表层岩土体的稳定性，尽可能地阻止崩塌落石的发生并将小部分落石限制在一定的空间内运动；同时，在钢绳网下铺设小网孔的S0/2.2/50型格栅网，以阻止小尺寸岩块的塌落。
3. 施工顺序及工艺：①对坡面防护区域的浮土及浮石进行清除。②放线测量确定锚杆孔位(根据地形条件，孔间距可有0.3m的调整量)，并在每一孔位处凿一定深度不小于锚杆外露环套长度的凹坑，一般口径20cm，深15cm。③按设计深度钻凿锚杆孔并清孔，孔深应比设计锚杆长度长5cm以上，孔径不小于φ42；当受凿岩设备限制时，构成每根锚杆的两股钢绳可分别锚入两个孔径不小于φ35的锚孔内，形成人字形锚杆，两股钢绳间夹角为15°~30°，以达到同样的锚固效果。④注浆并插入锚杆(锚杆外露环套顶端不能高出地表，且环套段不能注浆，以确保支撑绳张拉后尽可能紧贴地表)，采用不低于20号的水泥砂浆，孔内应确保浆液饱满，在进行下一道工序前注浆体养护不少于3d。⑤安装纵横向支撑绳，张拉紧后两端各用2~4个(支撑绳长度小于15m时为2个，大于30m时为4个，其间为3个)绳卡与锚杆外露环套固定连接。⑥从上向下铺挂格栅网，格栅网间重叠宽度不小于5cm，两张格栅网间的缝合以及格栅网与支撑绳间用φ1.2铁丝按1m间距进行扎结(有条件时本工序可在前一工序前完成即将格栅网置于支撑绳之下)。⑦从上向下铺设钢绳网并缝合，缝合绳为φ8钢绳，每张钢绳网均用一根长约31m (或27m)的缝合绳与四周支撑绳进行缝合并预张拉，缝合绳两端各用两个绳卡与网绳进行固定联结。
4. 边坡岩层破碎、松散时，钢绳锚杆可加长。

b)

附图 2.1　主动防护网设计图示例

图1 系统立面示意图
钢丝绳锚杆
缓冲装置
螺纹钢锚杆
横向拉绳
上支撑绳
下支撑绳
防护宽度
纵向主拉绳
纵向次拉绳
环形网
双绞六边形网
1000
10000
覆盖高度H_1(由实际工程决定)
标识
指代
钢丝绳锚杆主锚固点
钢丝绳锚杆次锚固点
螺纹钢锚杆锚固点
1-1示意图
2φ16钢丝绳锚杆
绳卡
图2 系统横断面图
山体坡面
路基中心线
图3 螺纹钢锚杆示意图
图4 环形图
RN/4/2.2/300/T
端头搭接不小于10cm
U型扣
2.2mm钢丝
A-A截面
A
图5 双绞六边形网
DT/2.0/50×60
φ2mm钢丝
50
60
图6 钢丝绳固定示意图
钢丝绳
图7 带鸡心环钢丝绳锚杆
1
附注：
图中除明确标注外，所有标注单位均为毫米。

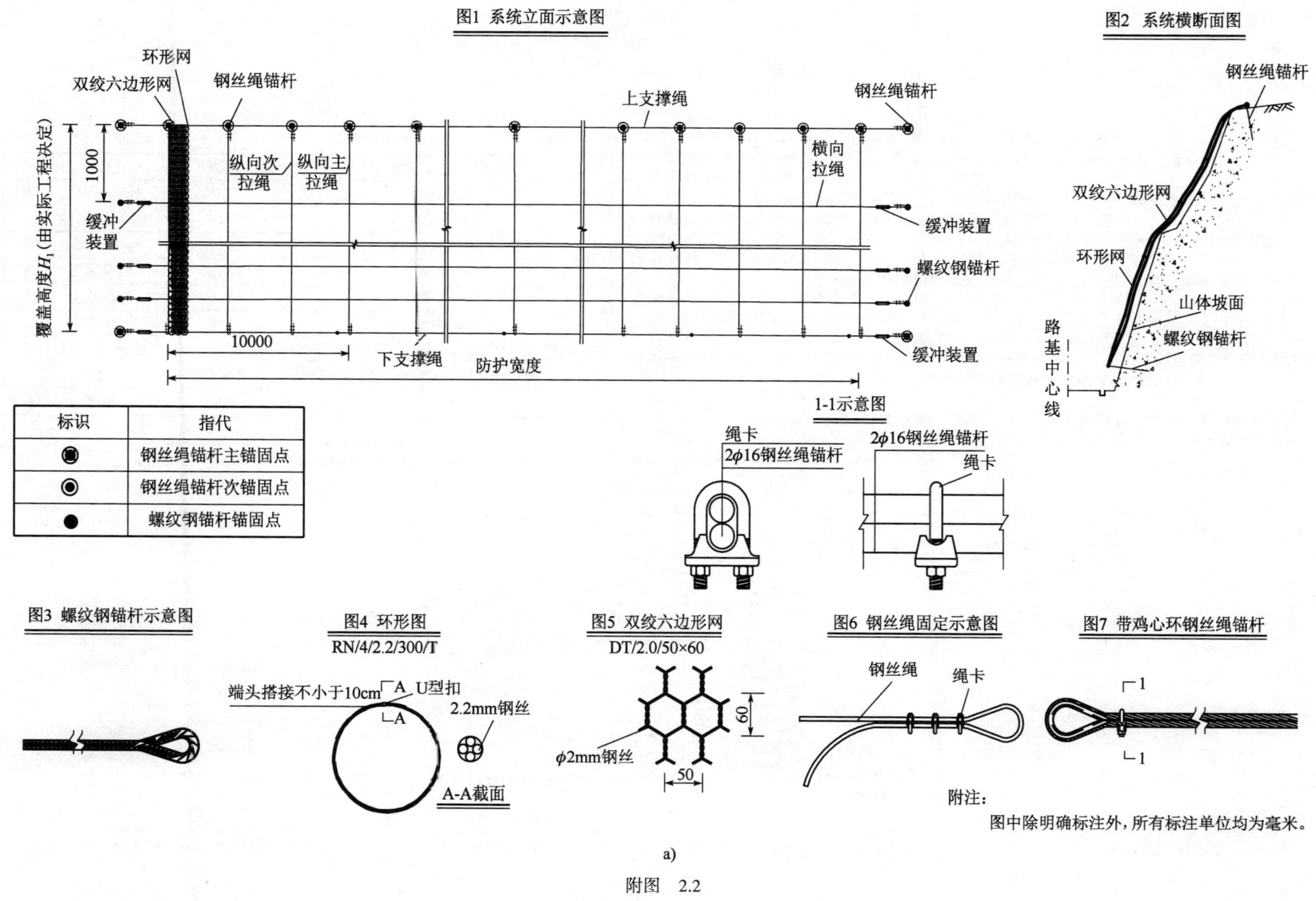

a)

附图 2.2

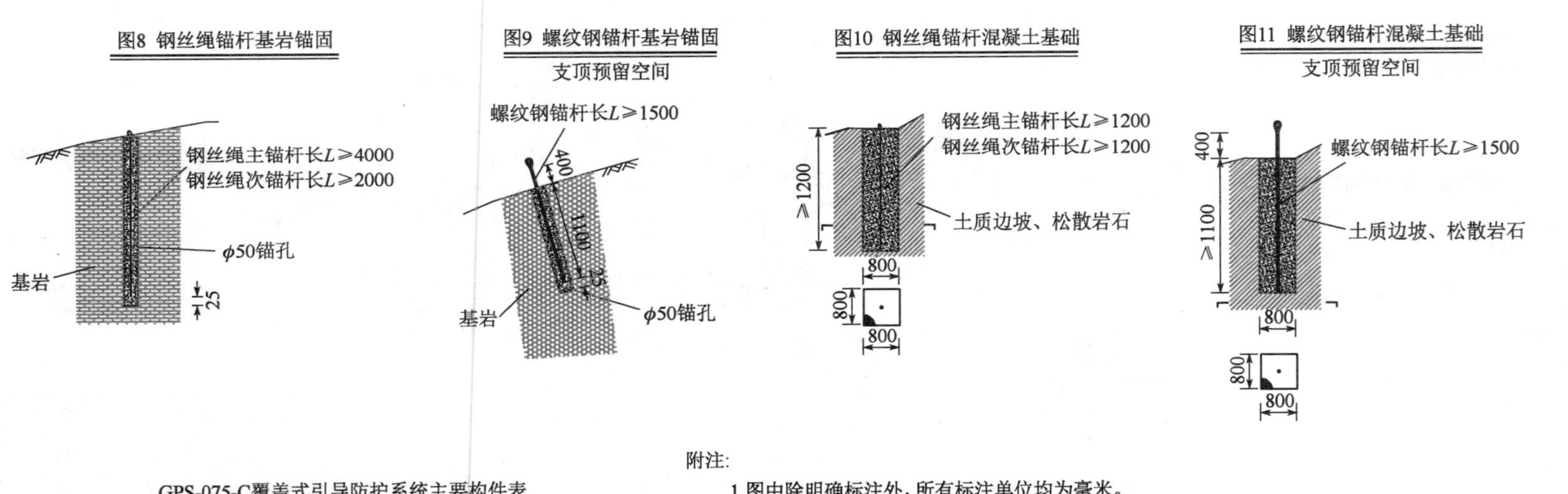

GPS-075-C覆盖式引导防护系统主要构件表

序号	名称	规格	备注
1	环形网	RN/4/2.2/300/T	锌+5%铝+混合稀土合金镀层，镀层215g/m²
2	双绞六边形网	DT/2.0/50×60	锌+5%铝+混合稀土合金镀层，镀层215g/m²
3	上支撑绳	φ18	镀锌AB级
4	下支撑绳	φ18	镀锌AB级
5	横向拉绳	φ18	镀锌AB级
6	纵向主拉绳	φ14	镀锌AB级
7	纵向次拉绳	φ14	镀锌AB级
8	钢丝绳锚杆	2φ16	镀锌AB级
9	螺纹钢锚杆	φ28	外露部分防锈漆防腐

附注:

1.图中除明确标注外，所有标注单位均为毫米。
2.本图用于危岩落石防护工程，适用于整体稳定、坡面节理裂隙较发育且岩体结构破碎、不宜过多扰动且清理困难的边坡，一般设置于坡体中上部且坡脚可进行落石处理的自然或人工边坡，单次引导能量为750kJ以内的落石。
3.钢丝绳锚杆主锚杆抗拔力应不小于100kN，钢丝绳锚杆次锚杆抗拔力应不小于75kN。
4.环形网抗顶破力不小于100kN，抗拉强度不小于30kN/m；双绞六边形网抗顶破力不小于20kN，抗拉强度不小于8kN/m；单个缓冲装置应具有不小于1m的变形能力，启动力在10~15kN之间。
5.钢丝绳钢丝强度不应低于1770MPa，热镀锌等级不低于AB级；环形网钢丝均采用锌+5%铝+混合稀土合金镀层，且钢丝强度应不低于1770MPa；双绞六边形网钢丝均采用锌+5%铝十混合稀土合金镀层，且强度不低于410MPa；螺纹钢锚杆所用材料为HRB400；钢丝绳锚杆为2φ16钢丝绳锚杆，所用钢丝强度不应低于1570MPa，热镀锌等级不低于AB级。
6.锚杆注浆，应保证注浆密实饱满，待浆体强度达到设计强度的70%后进入下一道工序施工。
7.防护网在安装时系统宜按40~60m进行分段，通常按50m进行分段。
8.双绞六边形网应用钢丝固定在环形网上，每平方米固定不少于4处；每张双绞六边形网连接处应叠盖不少于10cm，叠盖处采用低碳钢丝缝合。
9.锚杆材料及类型可根据现场条件选用钢丝绳锚杆、螺纹钢锚杆或自进式锚杆等。
10.未尽事宜按现行《边坡柔性防护网系统》(JI/T 1328)相关要求执行。

b)

附图 2.2　覆盖式引导防护网设计图示例

系统立面图
D0/08/150型
菱形钢绳网
GS-8001减压环
φ18上支撑绳（双绳）
φ18侧拉锚绳
300
300
C20片石混凝土
浆砌片石挡墙
φ18下支撑绳（双绳）
C20片石混凝土
150
488
1000
1000
488
200
2φ16钢丝绳锚杆
2φ16钢丝绳锚杆
环形网缝合连接图
双支撑绳并接绳卡
50
40
φ18上支撑绳（双绳）
D0/08/150型
菱形钢绳网
φ18缝合绳
钢柱
φ18下支撑绳（双绳）
系统平面图
1:200
φ16上拉锚绳
带GS-8001减压环
500
825
15°
φ18侧拉锚绳
488
1000
1000
附注：
本图尺寸均以厘米为单位。

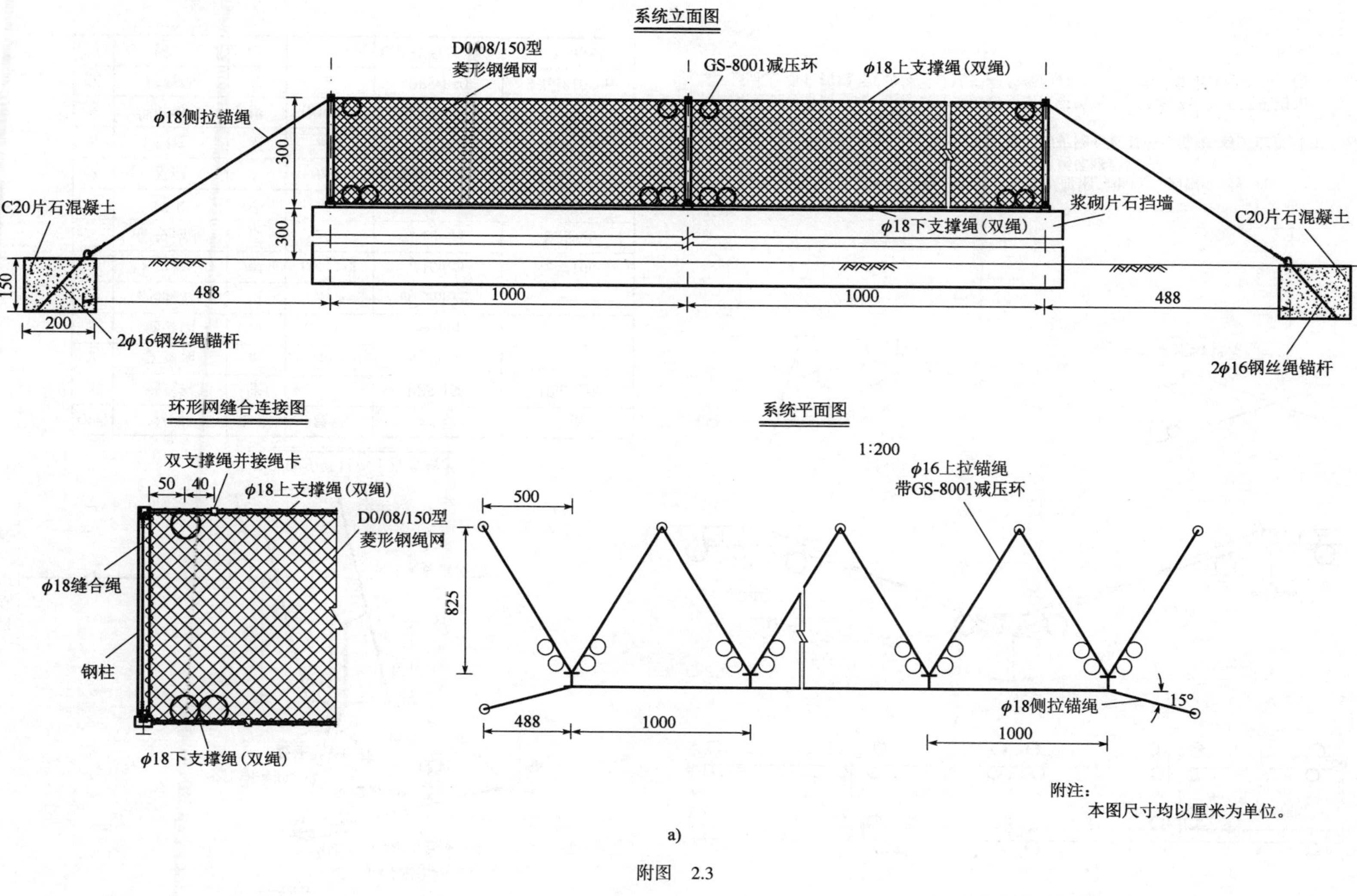

a)

附图　2.3

系统横断面图

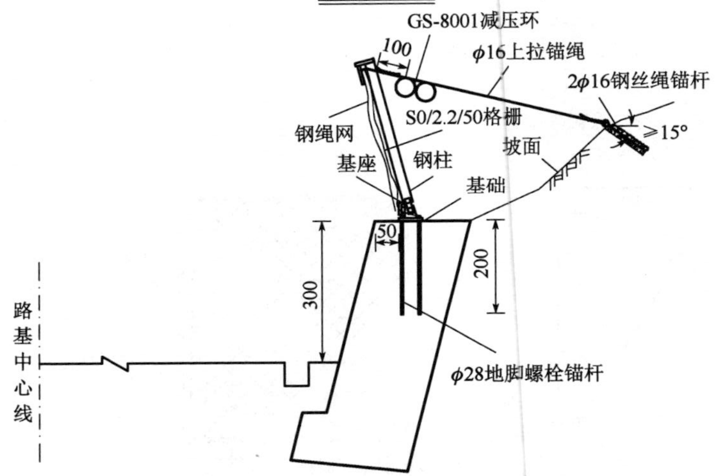

支撑绳与减压环布置图

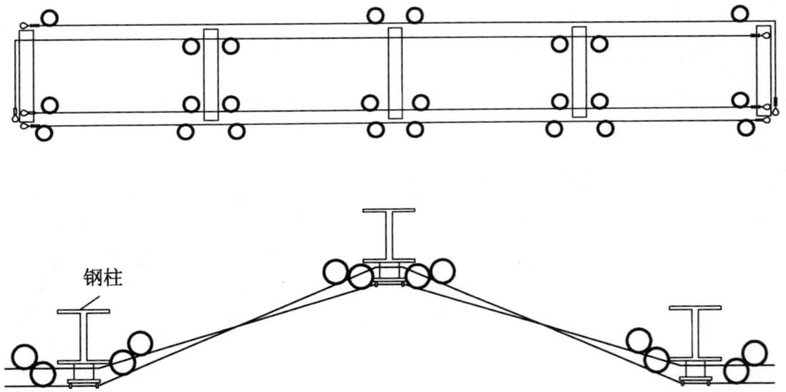

被动防护网材料工程数量表

序号	材料	单位	数量	型号	规格
1	钢绳网	张	n	PPS-150	10m×3m
2	支撑绳	m	10×(n×4+1)	ϕ18mm	—
3	缝合绳	m	n×31.2	ϕ8mm	—
4	钢绳锚杆	根	n+2	ϕ16mm×2	—
5	上拉锚绳	根	(n+1)×2	ϕ16mm	长度10m
	侧拉锚绳	根	2	ϕ18mm	长度6m
6	绳卡	个	n×4	ϕ15mm	—
7	基座	个	n+1	600mm×400mm	—
8	钢柱	根	n+1	工16	高度3m
9	地脚螺栓	根	(n+1)×2	ϕ28mm	长度2m
10	格栅网	张	n	PPS-050	3.4m×10.2m
11	侧拉锚绳基础	m³	6	C20片石混凝土	2m×1.5m×1m

附注：

1.图中标注尺寸除材料规格以毫米计外均以厘米为单位，n为钢绳网张数。
2.本图适用于边坡坡度缓于1∶0.75的岩石崩塌体路段。
3.本设计图为高度H=3m的RX-750型被动防护网布置安装标准图，有关位置尺寸可根据实际情况作适当调整。
4.坡脚设置路堑墙，钢柱通过地脚螺栓锚入路堑墙内；钢丝绳锚杆长度采用2m。
5.未尽事宜按现行《边坡柔性防护网系统》(JT/T 1328) 相关要求执行。

b)

附图 2.3　被动防护网设计图示例

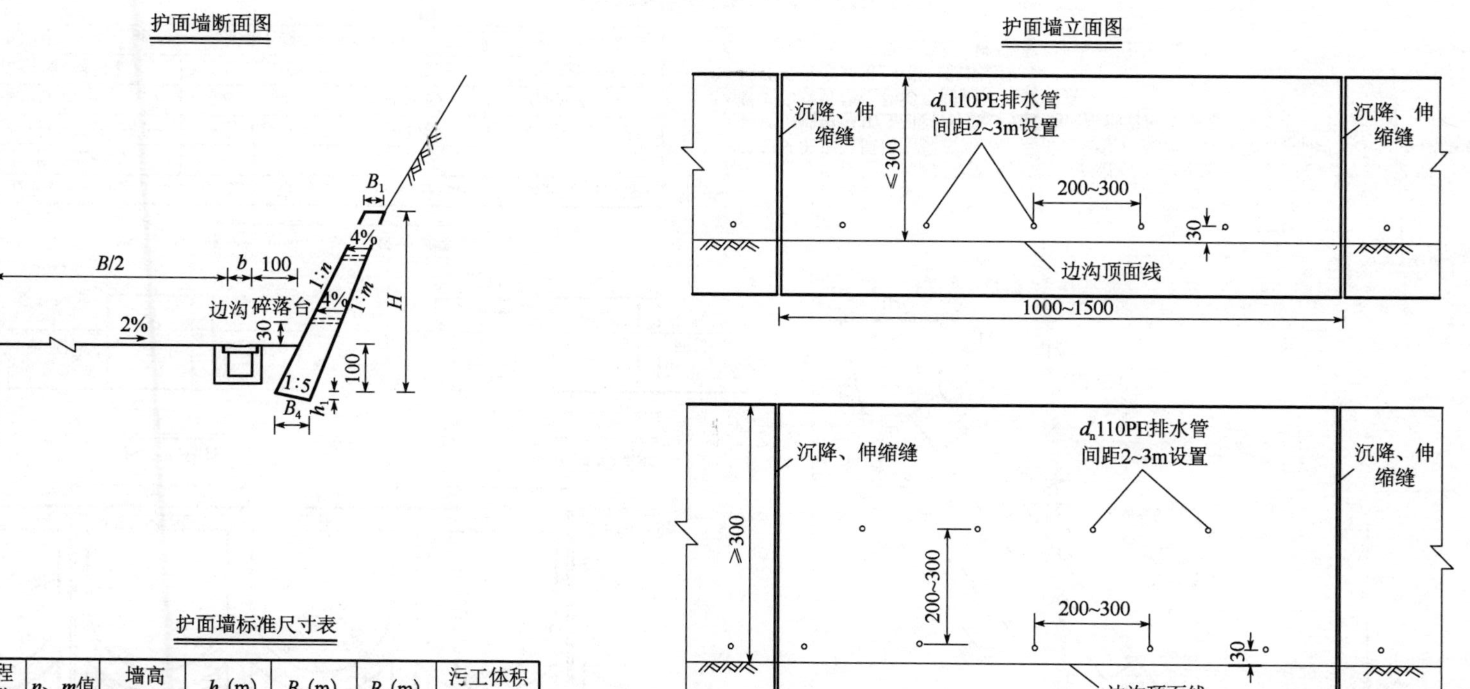

护面墙标准尺寸表

工程名称	n、m值	墙高 H(m)	h_1(m)	B_4(m)	B_1(m)	污工体积 (m³/m)
护面墙	n=0.5 m=0.4	2.0	0. 11	0.56	0.40	1.03
		2.5	0.12	0.60	0.40	1.35
		3.0	0.13	0.65	0.40	1.70
		3.5	0. 14	0.69	0.40	2.06
		4.0	0.15	0.74.	0.40	2.46
		5.0	0.17	0.83	0.40	3.33
		6.0	0.19	0.93	0.40	4.29
		7.0	0.20	1.02	0.40	5.36
		8.0	0. 22	1.11	0.40	6.53

附注：

1.图中尺寸均以厘米为单位，B为路基宽度，b为边沟宽度。

2.护面墙适用于砂泥岩层需要防护路段。

3.护面墙采用浆砌片石砌筑，地基承载力不小于200kPa，基底在路肩以下不应小于1m，并低于边沟砌体底面不小于0.2m。

4.护面墙沿纵向每隔10~15m设一道沉降伸缩缝，缝宽2cm，沿墙顶、内、外三侧填以15cm厚的沥青麻絮。

5.泄水孔采用d_n110PE排水管，孔间间距2~3m，上下交错布置，外倾4%；最下一排高出地面或常水位30cm；泄水孔进水口用砂砾石回填。

附图 2.4　护面墙设计图示例

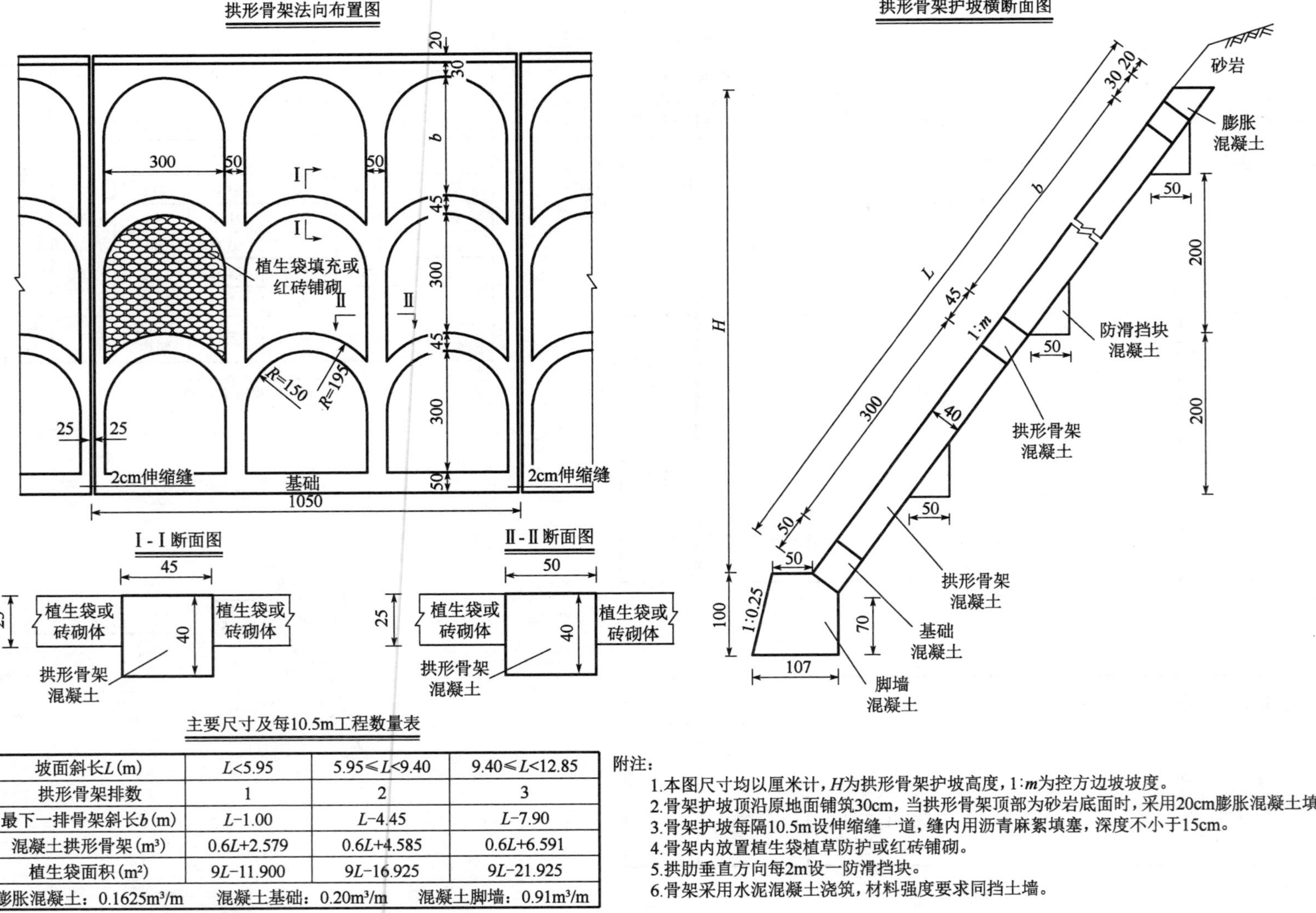

主要尺寸及每10.5m工程数量表

坡面斜长L(m)	L<5.95	5.95≤L<9.40	9.40≤L<12.85
拱形骨架排数	1	2	3
最下一排骨架斜长b(m)	L-1.00	L-4.45	L-7.90
混凝土拱形骨架(m^3)	0.6L+2.579	0.6L+4.585	0.6L+6.591
植生袋面积(m^2)	9L-11.900	9L-16.925	9L-21.925
膨胀混凝土：0.1625m^3/m	混凝土基础：0.20m^3/m	混凝土脚墙：0.91m^3/m	

附注：

1.本图尺寸均以厘米计，H为拱形骨架护坡高度，1∶m为控方边坡坡度。
2.骨架护坡顶沿原地面铺筑30cm，当拱形骨架顶部为砂岩底面时，采用20cm膨胀混凝土填实。
3.骨架护坡每隔10.5m设伸缩缝一道，缝内用沥青麻絮填塞，深度不小于15cm。
4.骨架内放置植生袋植草防护或红砖铺砌。
5.拱肋垂直方向每2m设一防滑挡块。
6.骨架采用水泥混凝土浇筑，材料强度要求同挡土墙。

附图2.5　拱形骨架护坡设计图示例

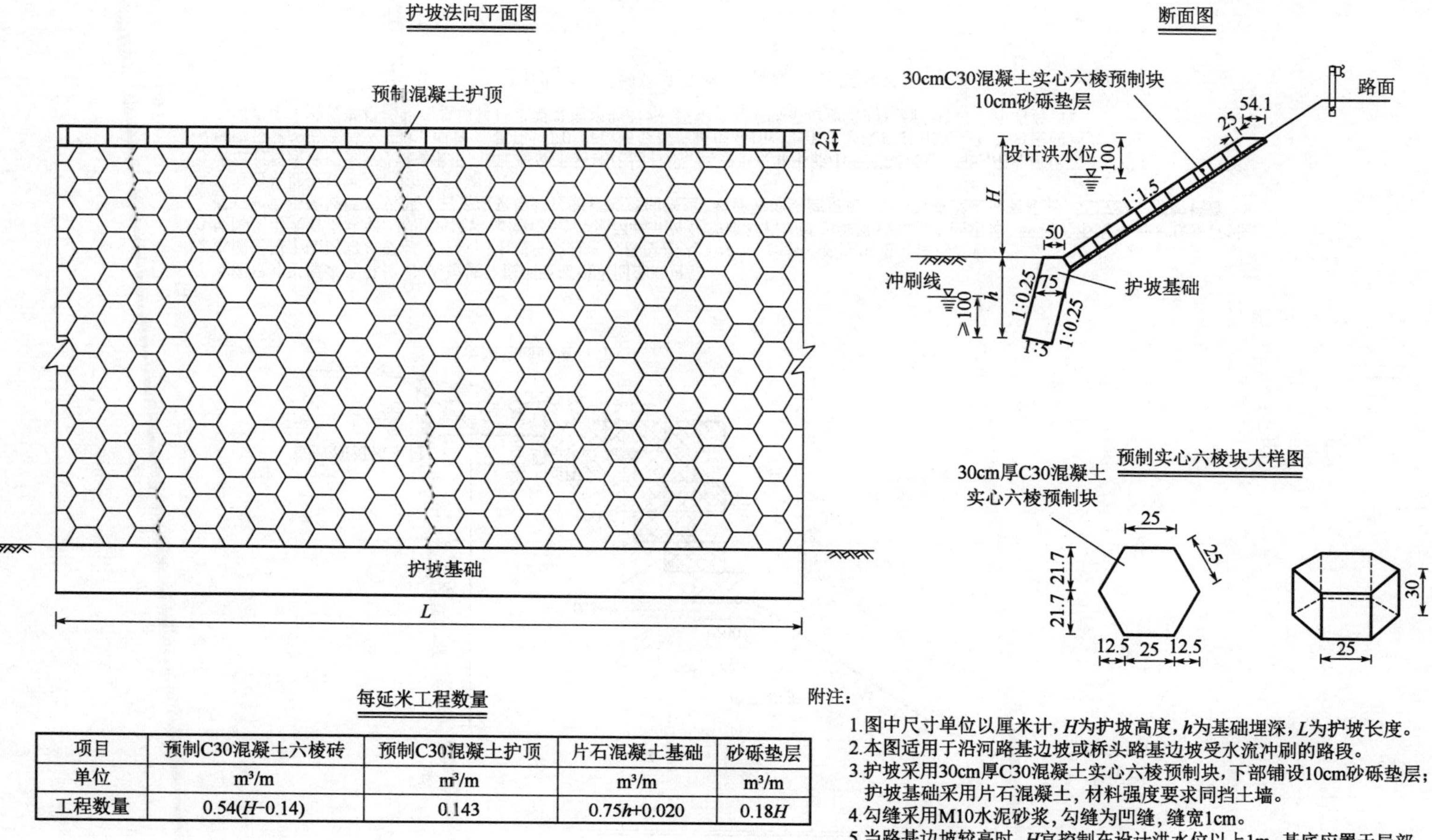

每延米工程数量

项目	预制C30混凝土六棱砖	预制C30混凝土护顶	片石混凝土基础	砂砾垫层
单位	m^3/m	m^3/m	m^3/m	m^3/m
工程数量	$0.54(H-0.14)$	0.143	$0.75h+0.020$	$0.18H$

附注：

1. 图中尺寸单位以厘米计，H为护坡高度，h为基础埋深，L为护坡长度。
2. 本图适用于沿河路基边坡或桥头路基边坡受水流冲刷的路段。
3. 护坡采用30cm厚C30混凝土实心六棱预制块，下部铺设10cm砂砾垫层；护坡基础采用片石混凝土，材料强度要求同挡土墙。
4. 勾缝采用M10水泥砂浆，勾缝为凹缝，缝宽1cm。
5. 当路基边坡较高时，H宜控制在设计洪水位以上1m，基底应置于局部冲刷线以下不小于1m。

附图3.1　护坡设计图示例

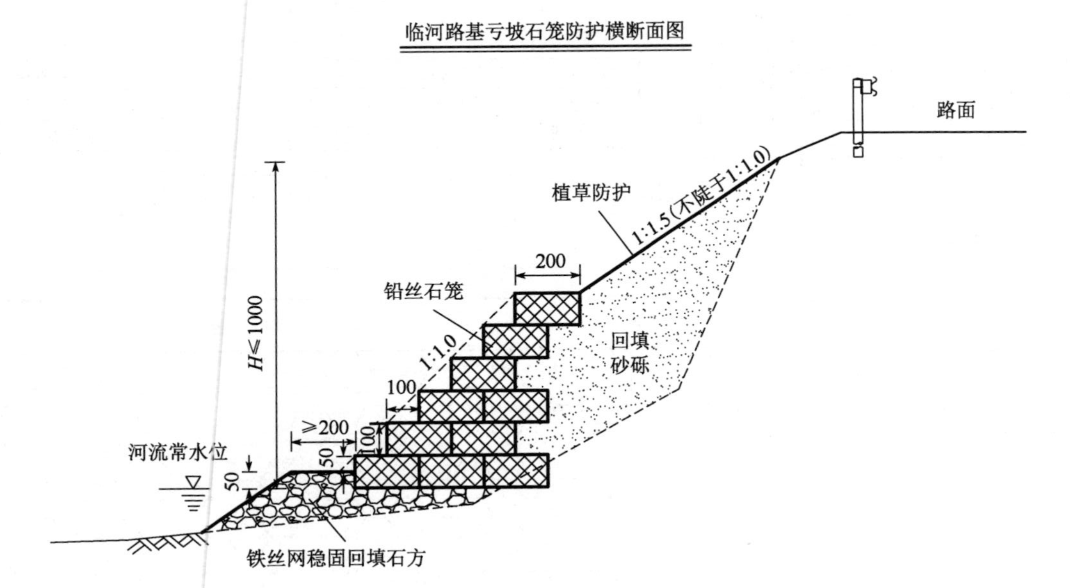

附注：

1.本图尺寸以厘米为单位，*H*为边坡亏损顶至河道水面的高度。

2.本图适用于临河路基受河流冲刷而出现亏坡且亏坡高度不大于10m、放坡不影响河道行洪的路段。

3.坡脚采用大石块回填，高出河流常水位0.5m，并采用4mm外包防腐材料的铁丝编网稳固石方回填体，网孔大小为30cm×30cm(可根据石块大小酌情调整网眼)。石笼应采用经过防锈处理的铁丝，铁丝笼编织结束后，如发现铁丝表面有损伤，还应涂一层防锈漆。

4.填方边坡坡度宜采用1:1.5,不得陡于1:1。

5.所填石料应选用重度大、浸水不崩解、坚硬不易风化的石块，其最小尺寸不能小于网眼尺寸，宜选用非风化石、大石块。

6.坡脚设置的石笼伸入基底，埋置深度不小于0. 5m，石笼摆放每层高1m，上下层之间错台1m宽，石笼总高度不大于6m。

7.高路堤施工除应严格按照路基填料技术要求进行处理外，压实度应在规范值要求的基础上提高一个百分点。

附图3.2　临河路基亏坡石笼防护设计图示例

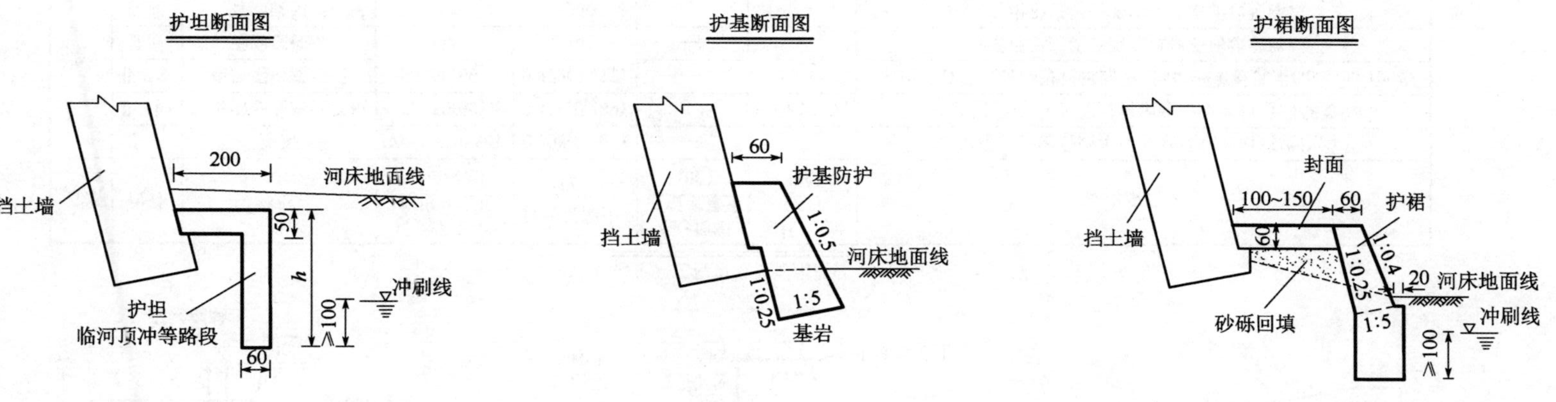

附注：

1.本图尺寸以厘米为单位，h为护坦结构高度。
2.临河新建挡土墙，顶冲等路段可增设护坦。
3.对于河床下切、既有挡土墙基础外露的情况，挡土墙基底下覆基岩的路段宜采用护基，挡土墙基底为土质的路段宜采用护裙。
4.护坦、护基、护裙采用(片石)混凝土浇筑，材料强度要求同挡土墙。

附图3.3　冲刷防护设计图示例

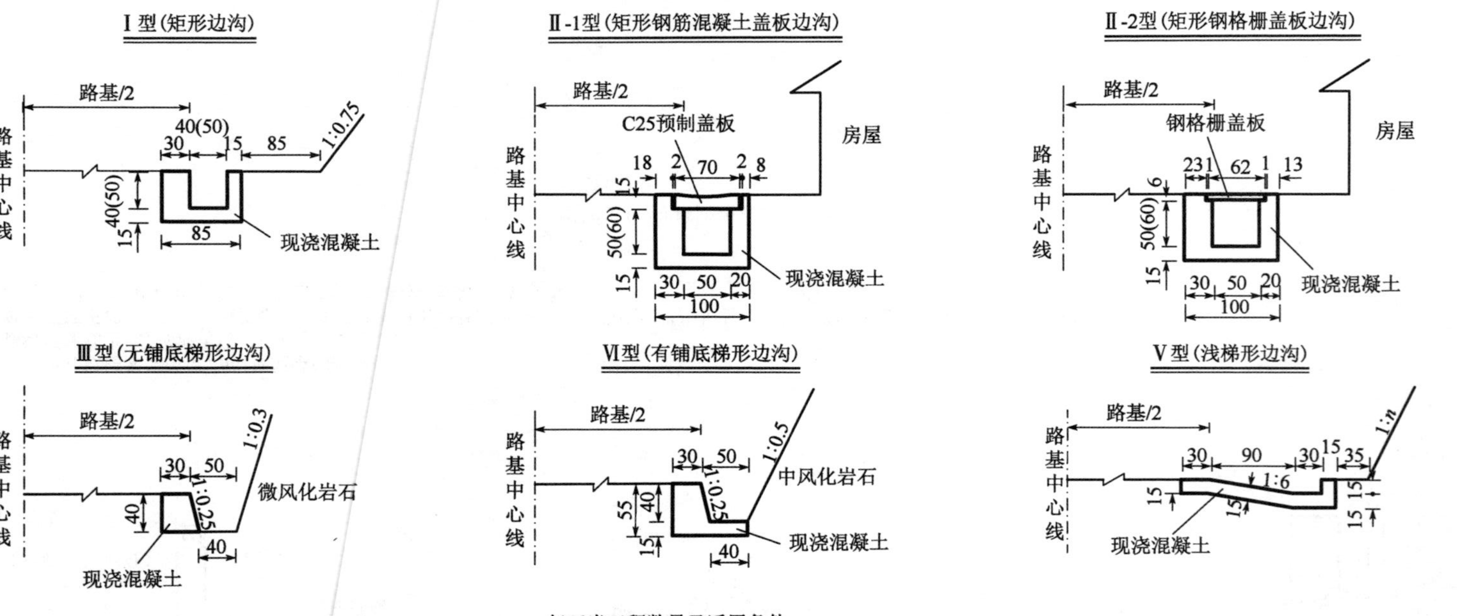

每延米工程数量及适用条件

名称	代号	类型	主要尺寸(宽度×深度)(cm×cm)	现浇混凝土(m^3)	C25预制盖板混凝土(m^3)	盖板钢筋/钢材(kg)	适用条件
边沟	Ⅰ型	矩形	40×40(50×50)	0.308(0.368)	—	—	适用于三级公路土质及强风化石质路段边沟
	Ⅱ-1型	矩形钢筋混凝土盖板	50×50(60)	0.439(0.489)	0.106	9.10(17.72)	适用于各等级公路过村镇路段及乡村道路交叉口
	Ⅱ-2型	矩形钢格栅盖板	50×50(60)	0.422(0.472)	—	55.37	适用于各等级公路过村镇路段，钢格栅盖板选用G605/30/100型
	Ⅲ型	无铺底梯形	50×40	0.140	—	—	适用于三级公路微风化石质边坡路段
	Ⅳ型	有铺底梯形	50×40	0.260	—	—	适用于三级公路中风化石质边坡路段
	Ⅴ型	浅梯形	120×15	0.272	—	—	适用于汇水面积较小的浅挖方边坡路段

附注：

1.本图尺寸均以厘米计。

2.括号内数字适用于汇水量较大的路段。

3.钢格栅盖板应符合现行《钢格栅板及配套件　第1部分：钢格栅板》(YB/T 4001.1)的规定。

a)

附图　4.1

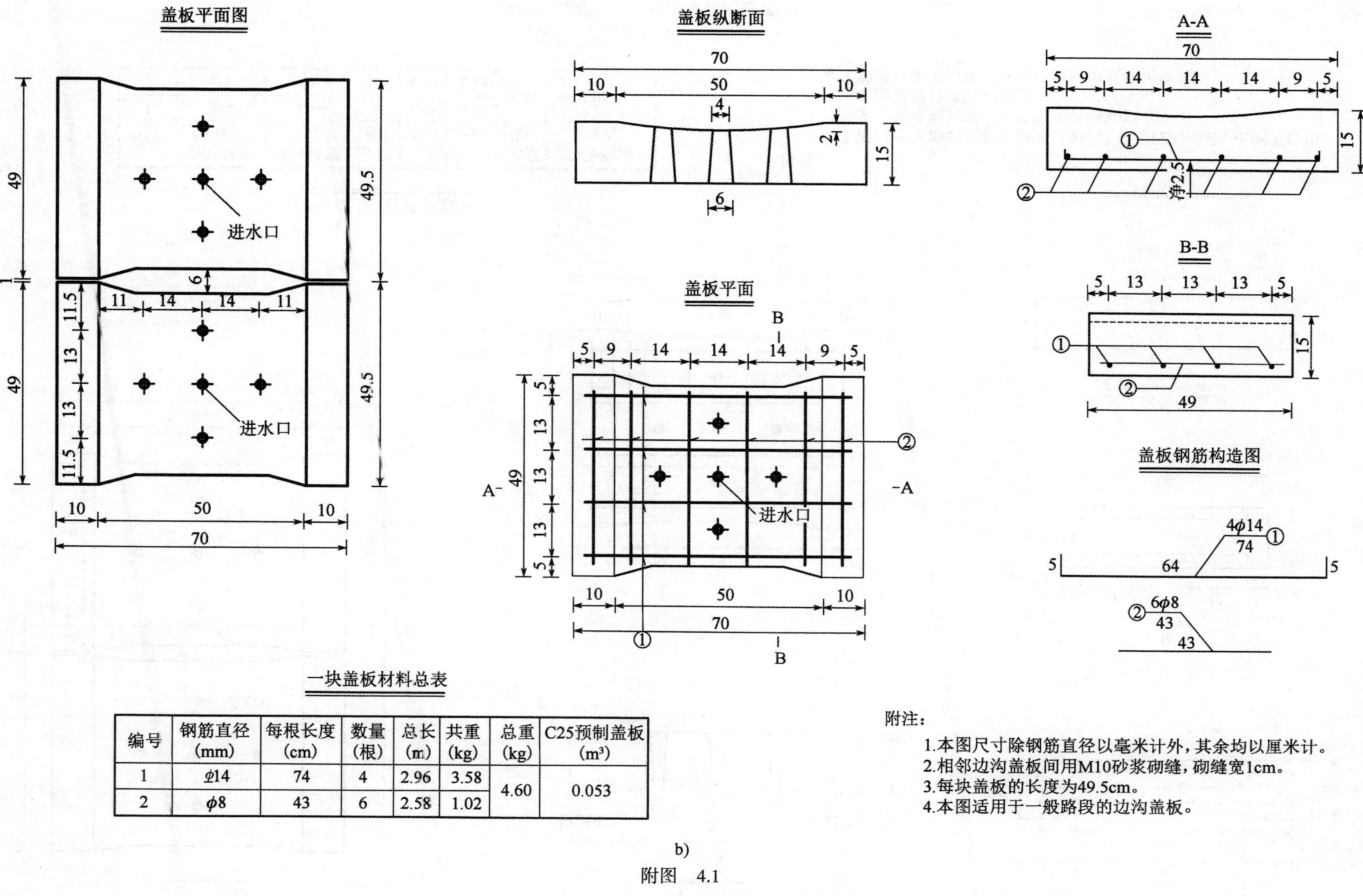

一块盖板材料总表

编号	钢筋直径(mm)	每根长度(cm)	数量(根)	总长(m)	共重(kg)	总重(kg)	C25预制盖板(m³)
1	ϕ14	74	4	2.96	3.58	4.60	0.053
2	ϕ8	43	6	2.58	1.02		

附注：

1.本图尺寸除钢筋直径以毫米计外，其余均以厘米计。
2.相邻边沟盖板间用M10砂浆砌缝，砌缝宽1cm。
3.每块盖板的长度为49.5cm。
4.本图适用于一般路段的边沟盖板。

b)

附图　4.1

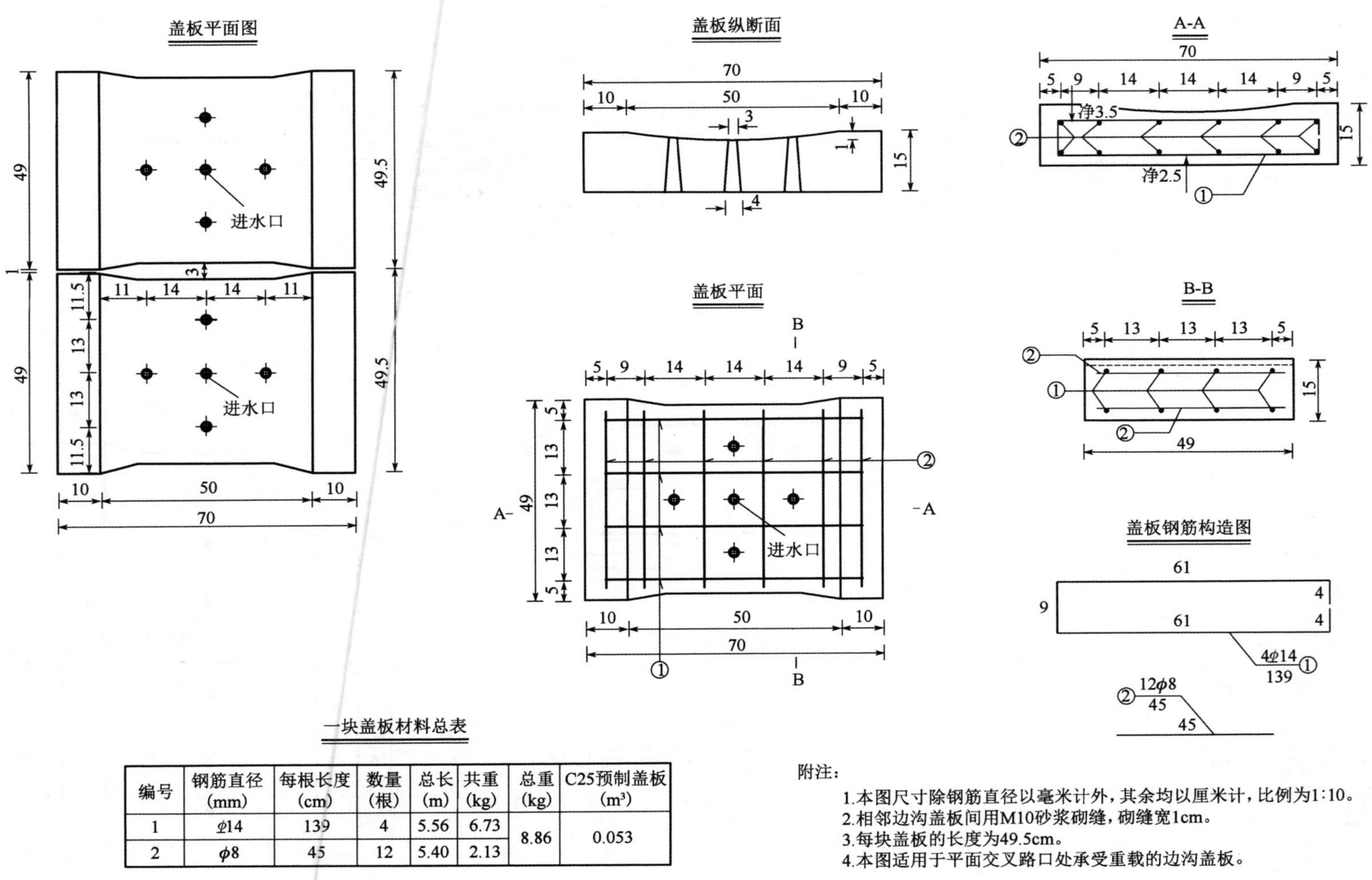

一块盖板材料总表

编号	钢筋直径(mm)	每根长度(cm)	数量(根)	总长(m)	共重(kg)	总重(kg)	C25预制盖板(m^3)
1	φ14	139	4	5.56	6.73	8.86	0.053
2	φ8	45	12	5.40	2.13		

附注：

1.本图尺寸除钢筋直径以毫米计外，其余均以厘米计，比例为1:10。
2.相邻边沟盖板间用M10砂浆砌缝，砌缝宽1cm。
3.每块盖板的长度为49.5cm。
4.本图适用于平面交叉路口处承受重载的边沟盖板。

c)

附图4.1　边沟设计图示例

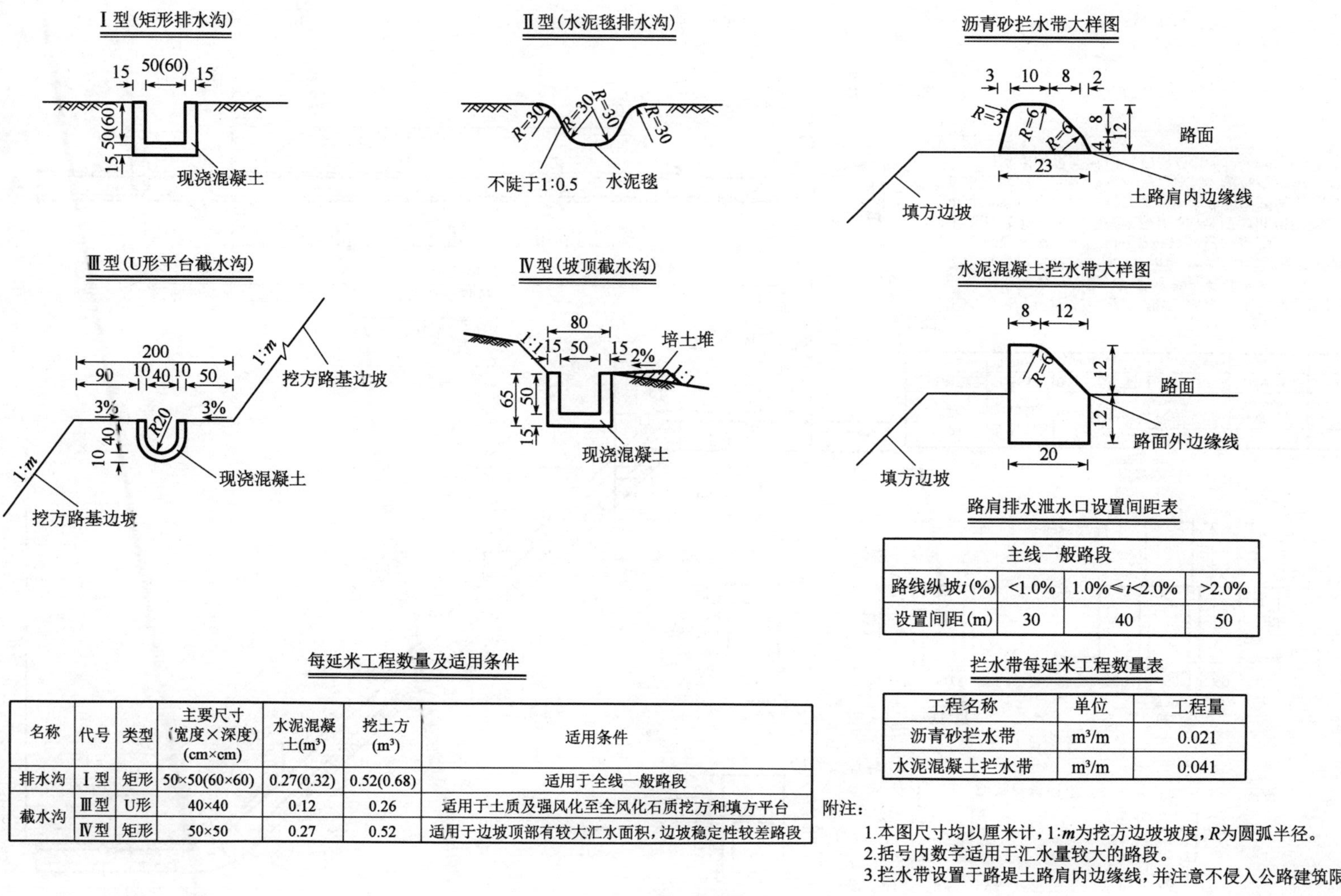

路肩排水泄水口设置间距表

	主线一般路段		
路线纵坡i(%)	<1.0%	1.0%≤i<2.0%	>2.0%
设置间距(m)	30	40	50

拦水带每延米工程数量表

工程名称	单位	工程量
沥青砂拦水带	m^3/m	0.021
水泥混凝土拦水带	m^3/m	0.041

每延米工程数量及适用条件

名称	代号	类型	主要尺寸(宽度×深度)(cm×cm)	水泥混凝土(m^3)	挖土方(m^3)	适用条件
排水沟	Ⅰ型	矩形	50×50(60×60)	0.27(0.32)	0.52(0.68)	适用于全线一般路段
截水沟	Ⅲ型	U形	40×40	0.12	0.26	适用于土质及强风化至全风化石质挖方和填方平台
	Ⅳ型	矩形	50×50	0.27	0.52	适用于边坡顶部有较大汇水面积，边坡稳定性较差路段

附注：

1.本图尺寸均以厘米计，1:m为挖方边坡坡度，R为圆弧半径。
2.括号内数字适用于汇水量较大的路段。
3.拦水带设置于路堤土路肩内边缘线，并注意不侵入公路建筑限界。

附图4.2　排水沟、截水沟、拦水带设计图示例

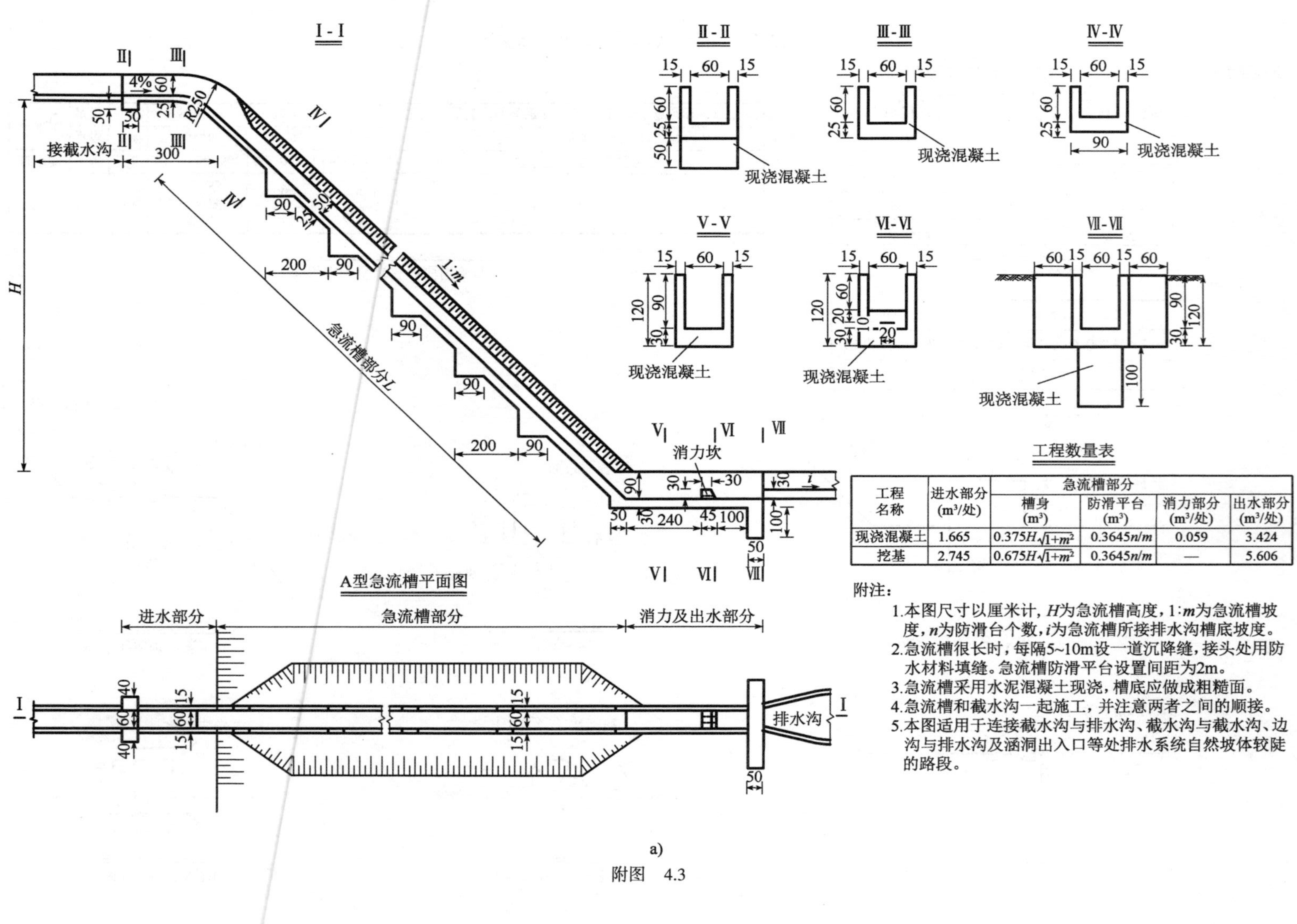

工程数量表

工程名称	进水部分 (m^3/处)	急流槽部分		消力部分 (m^3/处)	出水部分 (m^3/处)
		槽身 (m^3)	防滑平台 (m^3)		
现浇混凝土	1.665	$0.375H\sqrt{1+m^2}$	$0.3645n/m$	0.059	3.424
挖基	2.745	$0.675H\sqrt{1+m^2}$	$0.3645n/m$	—	5.606

附注：

1. 本图尺寸以厘米计，H为急流槽高度，$1:m$为急流槽坡度，n为防滑台个数，i为急流槽所接排水沟槽底坡度。
2. 急流槽很长时，每隔5~10m设一道沉降缝，接头处用防水材料填缝。急流槽防滑平台设置间距为2m。
3. 急流槽采用水泥混凝土现浇，槽底应做成粗糙面。
4. 急流槽和截水沟一起施工，并注意两者之间的顺接。
5. 本图适用于连接截水沟与排水沟、截水沟与截水沟、边沟与排水沟及涵洞出入口等处排水系统自然坡体较陡的路段。

a)

附图 4.3

A型急流槽兼作人行踏步平面图

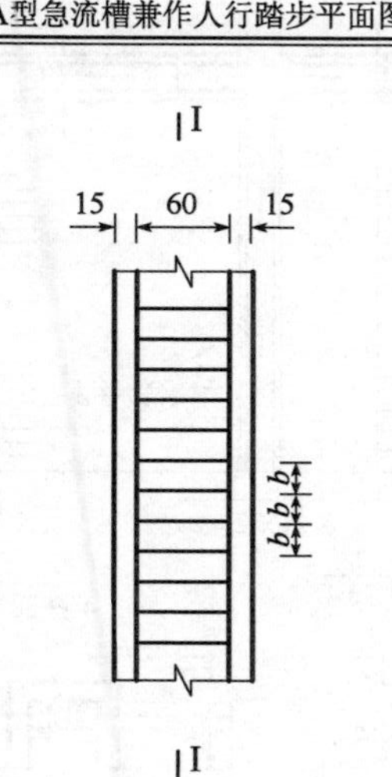

I - I

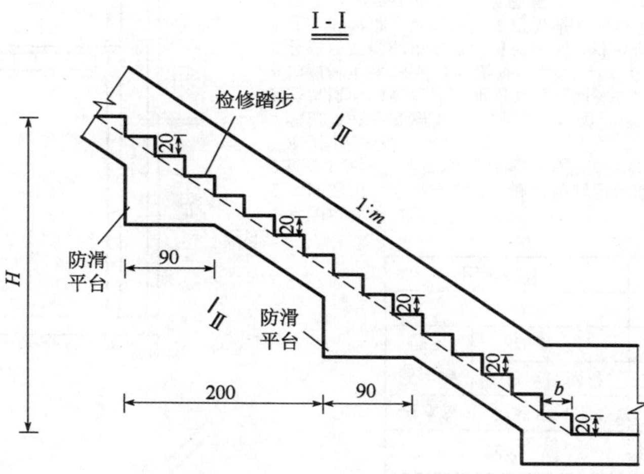

II - II

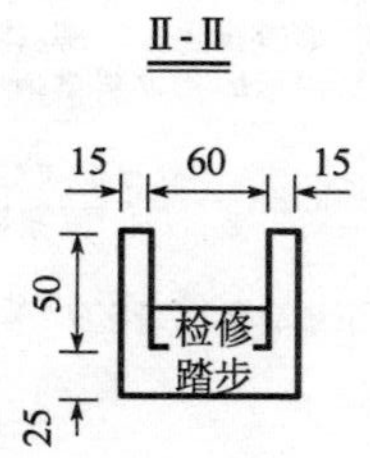

附注：

1.本图尺寸以厘米计，H为急流槽高度，1∶m为急流槽坡度，b为踏步宽度。

2.急流槽槽身根据实际情况可做成人行踏步，方便后期的养护工作，施工中可根据实际情况设置；踏步高度为20cm，踏步采用混凝土浇筑，每处踏步工程数量为$0.3bH\text{m}^3$。

b)

附图　4.3

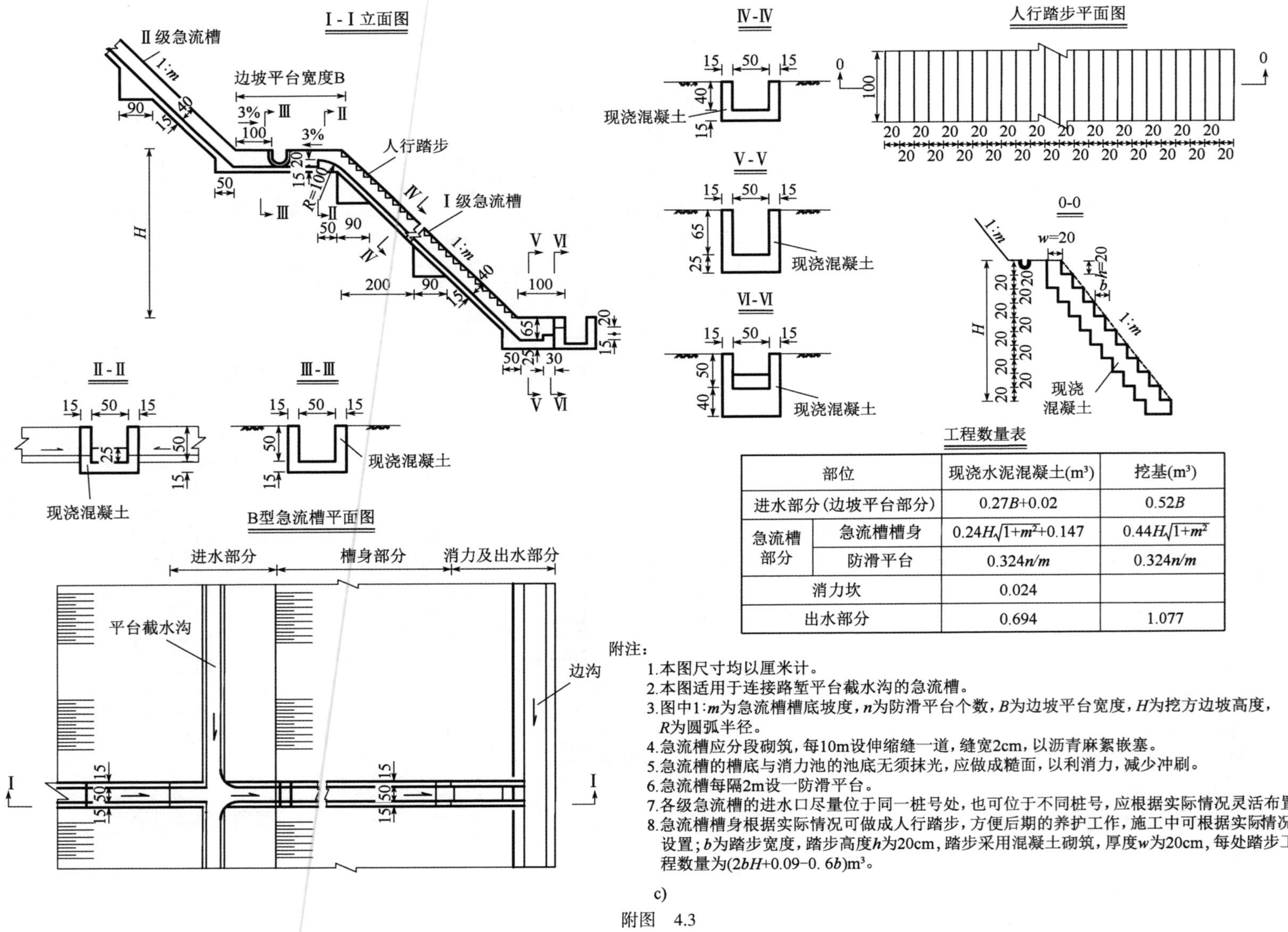

工程数量表

部位		现浇水泥混凝土(m^3)	挖基(m^3)
进水部分(边坡平台部分)		$0.27B+0.02$	$0.52B$
急流槽部分	急流槽槽身	$0.24H\sqrt{1+m^2}+0.147$	$0.44H\sqrt{1+m^2}$
	防滑平台	$0.324n/m$	$0.324n/m$
消力坎		0.024	
出水部分		0.694	1.077

附注：

1. 本图尺寸均以厘米计。
2. 本图适用于连接路堑平台截水沟的急流槽。
3. 图中1∶m为急流槽槽底坡度，n为防滑平台个数，B为边坡平台宽度，H为挖方边坡高度，R为圆弧半径。
4. 急流槽应分段砌筑，每10m设伸缩缝一道，缝宽2cm，以沥青麻絮嵌塞。
5. 急流槽的槽底与消力池的池底无须抹光，应做成糙面，以利消力，减少冲刷。
6. 急流槽每隔2m设一防滑平台。
7. 各级急流槽的进水口尽量位于同一桩号处，也可位于不同桩号，应根据实际情况灵活布置。
8. 急流槽槽身根据实际情况可做成人行踏步，方便后期的养护工作，施工中可根据实际情况设置；b为踏步宽度，踏步高度h为20cm，踏步采用混凝土砌筑，厚度w为20cm，每处踏步工程数量为$(2bH+0.09-0.6b)m^3$。

c)

附图 4.3

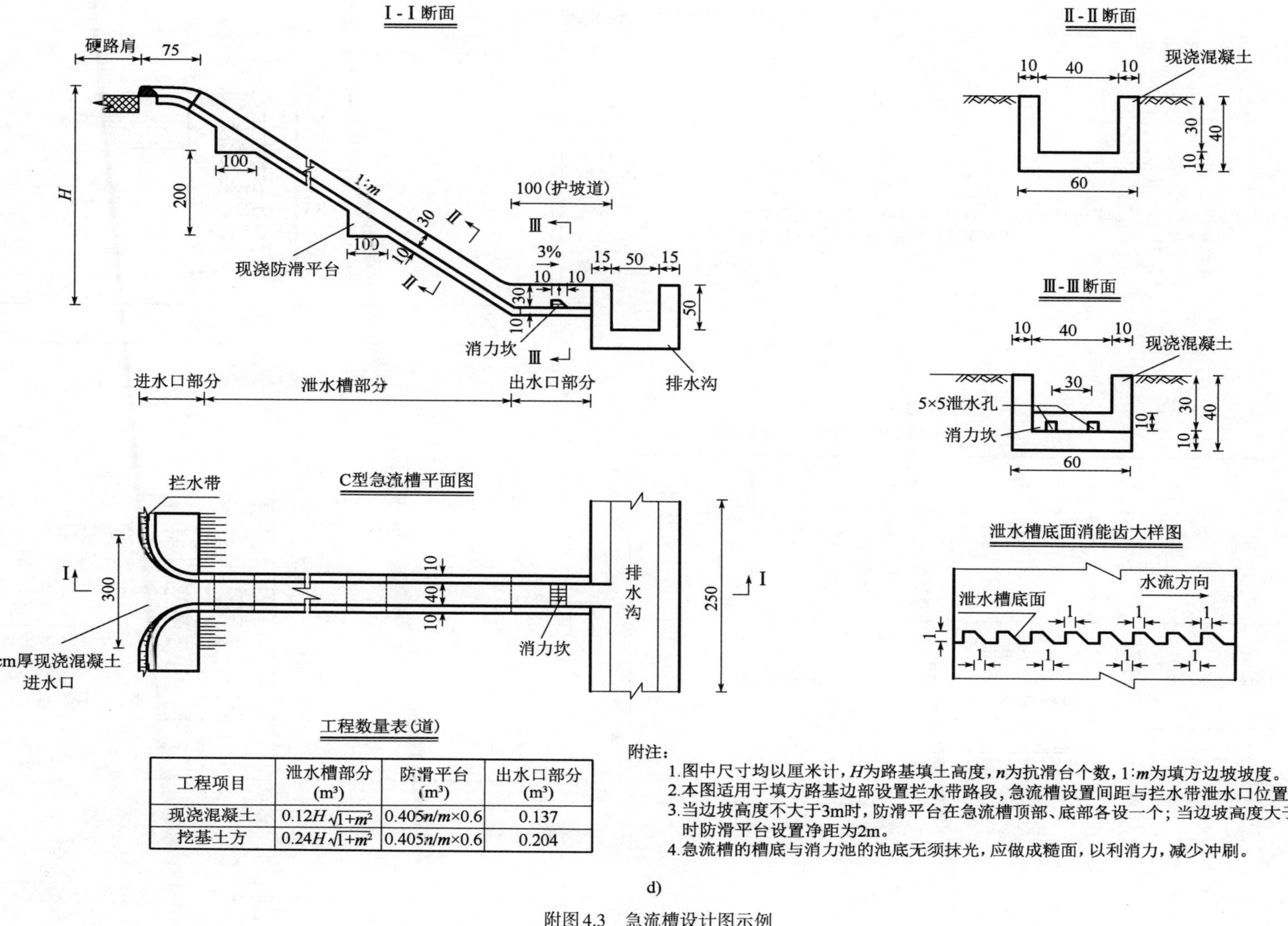

工程数量表(道)

工程项目	泄水槽部分 (m^3)	防滑平台 (m^3)	出水口部分 (m^3)
现浇混凝土	$0.12H\sqrt{1+m^2}$	$0.405n/m\times0.6$	0.137
挖基土方	$0.24H\sqrt{1+m^2}$	$0.405n/m\times0.6$	0.204

附注：

1.图中尺寸均以厘米计，H为路基填土高度，n为抗滑台个数，$1:m$为填方边坡坡度。

2.本图适用于填方路基边部设置拦水带路段，急流槽设置间距与拦水带泄水口位置相同。

3.当边坡高度不大于3m时，防滑平台在急流槽顶部、底部各设一个；当边坡高度大于3m时防滑平台设置净距为2m。

4.急流槽的槽底与消力池的池底无须抹光，应做成糙面，以利消力，减少冲刷。

d)

附图4.3　急流槽设计图示例

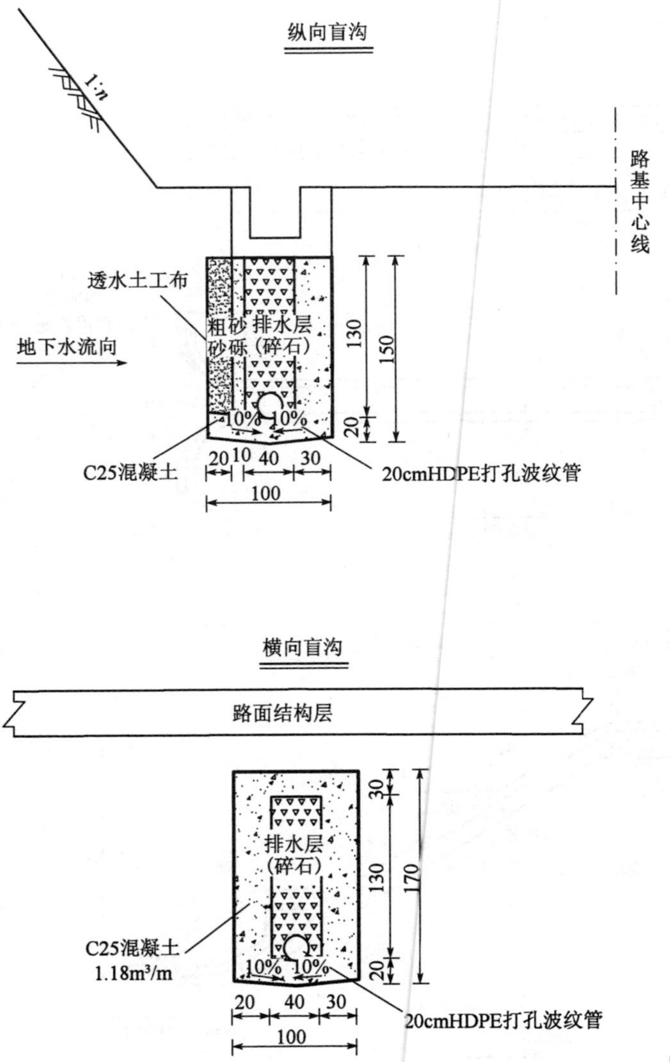

纵向碎石盲沟设计表

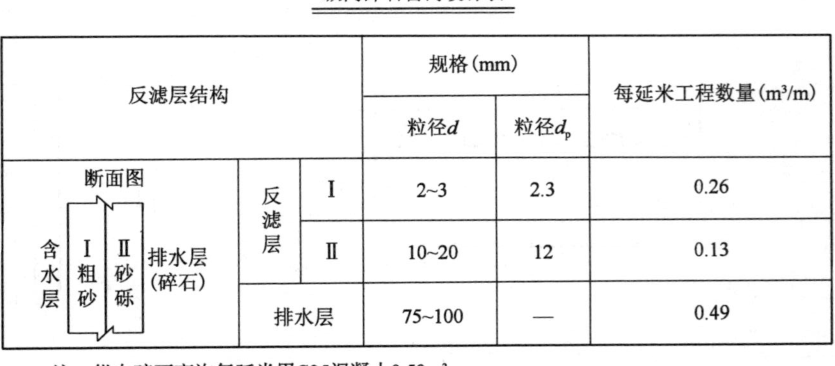

反滤层结构			规格(mm)		每延米工程数量(m^3/m)
			粒径d	粒径d_p	
断面图 含水层 Ⅰ粗砂 Ⅱ砂砾 排水层(碎石)	反滤层	Ⅰ	2~3	2.3	0.26
		Ⅱ	10~20	12	0.13
	排水层		75~100	—	0.49

注：纵向碎石盲沟每延米用C25混凝土0.59m³。

附注：

1.图中尺寸除注明外，其余均以厘米计。
2.反滤层所采用的砂石材料，颗粒小于0.15mm的含量应不于5%(按质量计)。

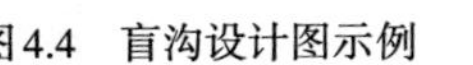

附图4.4　盲沟设计图示例

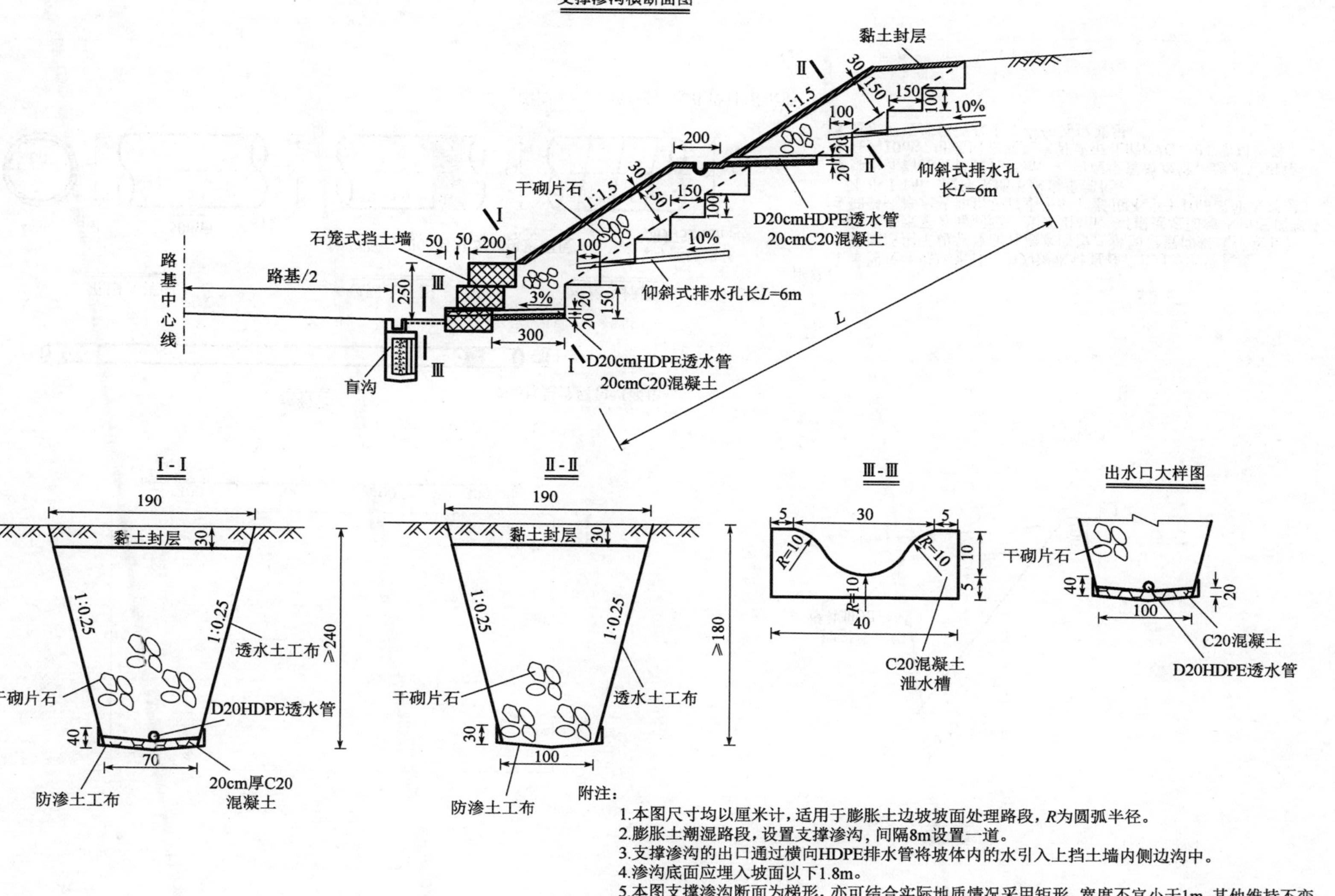

附注：

1.本图尺寸均以厘米计，适用于膨胀土边坡坡面处理路段，R为圆弧半径。
2.膨胀土潮湿路段，设置支撑渗沟，间隔8m设置一道。
3.支撑渗沟的出口通过横向HDPE排水管将坡体内的水引入上挡土墙内侧边沟中。
4.渗沟底面应埋入坡面以下1.8m。
5.本图支撑渗沟断面为梯形，亦可结合实际地质情况采用矩形，宽度不宜小于1m，其他维持不变。

附图4.5　支撑渗沟设计图示例

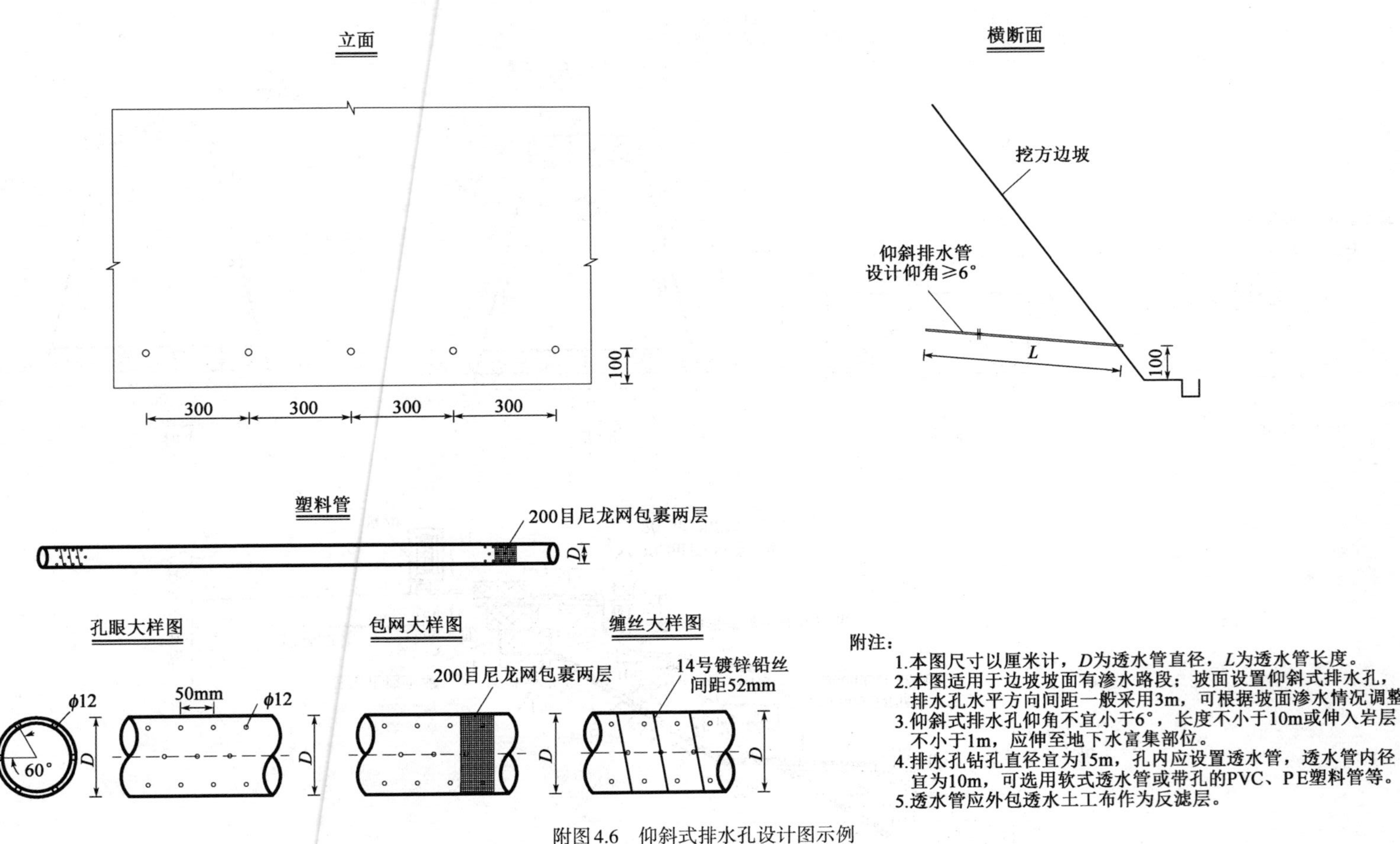

附注：

1.本图尺寸以厘米计，*D*为透水管直径，*L*为透水管长度。
2.本图适用于边坡坡面有渗水路段；坡面设置仰斜式排水孔，排水孔水平方向间距一般采用3m，可根据坡面渗水情况调整。
3.仰斜式排水孔仰角不宜小于6°，长度不小于10m或伸入岩层不小于1m，应伸至地下水富集部位。
4.排水孔钻孔直径宜为15m，孔内应设置透水管，透水管内径宜为10m，可选用软式透水管或带孔的PVC、PE塑料管等。
5.透水管应外包透水土工布作为反滤层。

附图4.6　仰斜式排水孔设计图示例

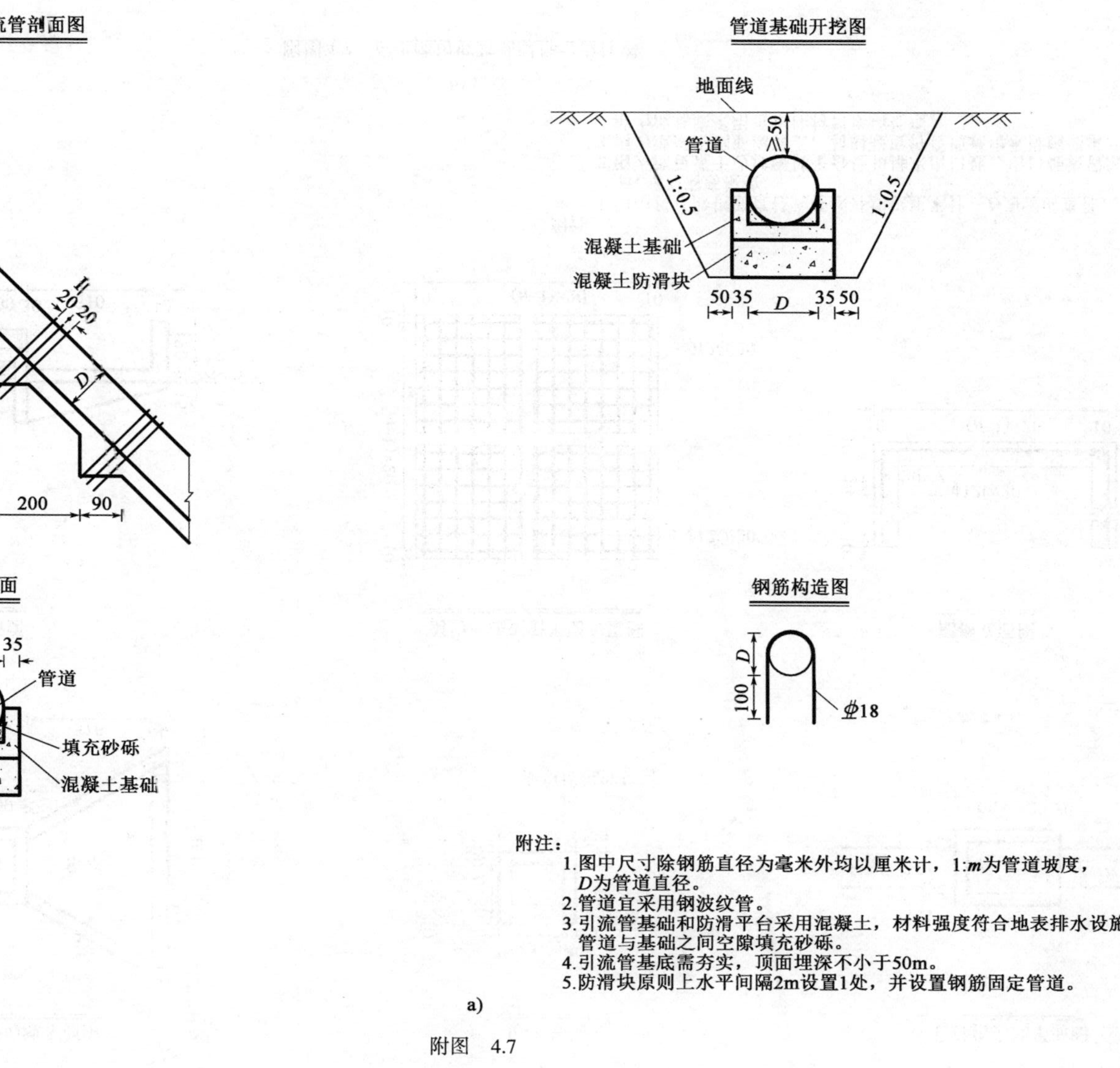

附注：

1.图中尺寸除钢筋直径为毫米外均以厘米计，1:*m*为管道坡度，*D*为管道直径。
2.管道宜采用钢波纹管。
3.引流管基础和防滑平台采用混凝土，材料强度符合地表排水设施要求，管道与基础之间空隙填充砂砾。
4.引流管基底需夯实，顶面埋深不小于50m。
5.防滑块原则上水平间隔2m设置1处，并设置钢筋固定管道。

a)

附图　4.7

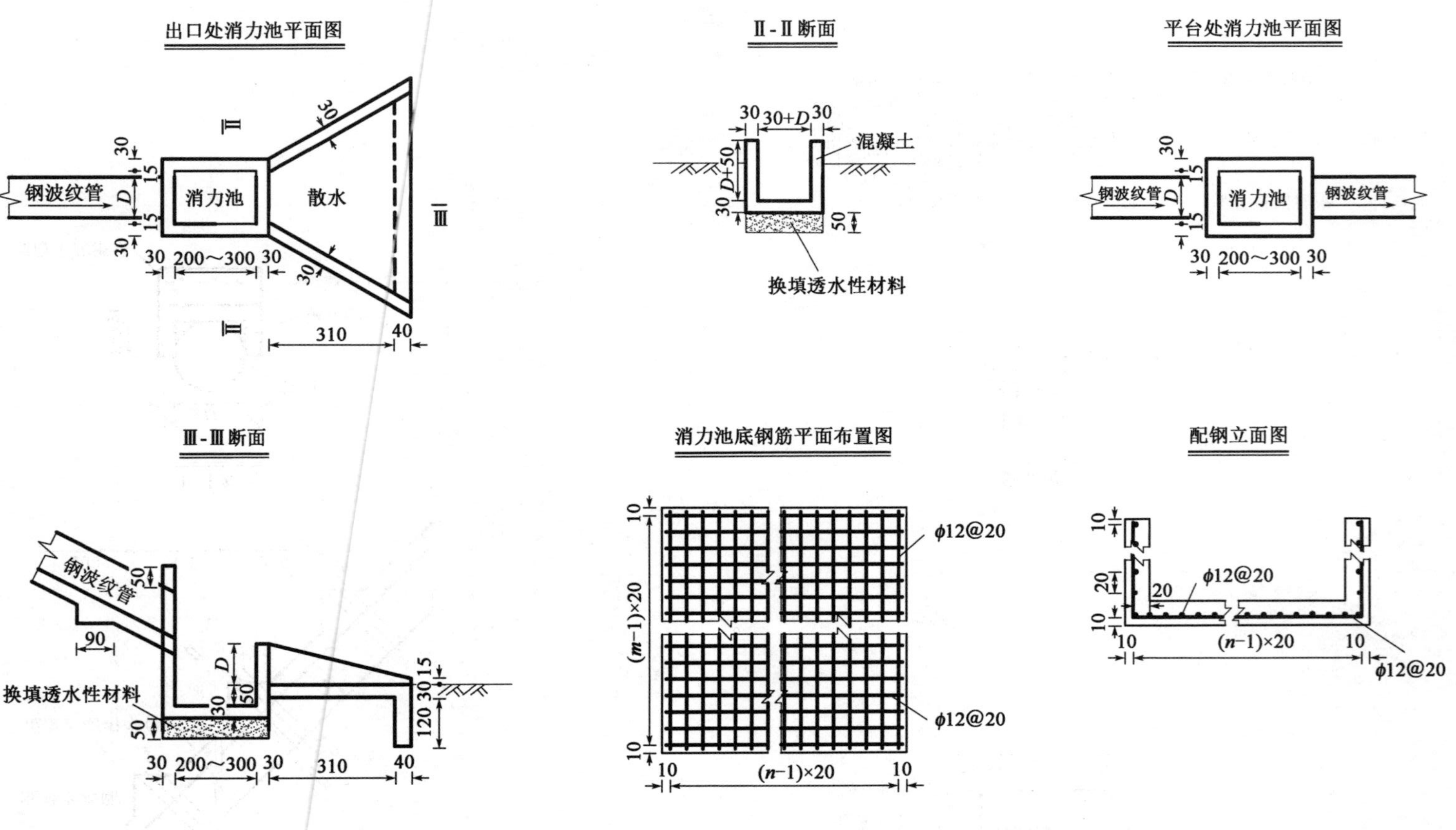

附注：

1. 图中尺寸除钢筋直径为毫米外均以厘米计，D为管道直径，**m**、**n**为钢筋根数。
2. 消力池设置于边坡缓坡平台处和排水出口处，出口处设置散水设施。
3. 消力池采用钢筋混凝土，材料强度符合地表排水设施要求。
4. 消力池基底采用透水性材料换填处理。

b)

附图4.7　黄土陡边坡防溯源排水设计图

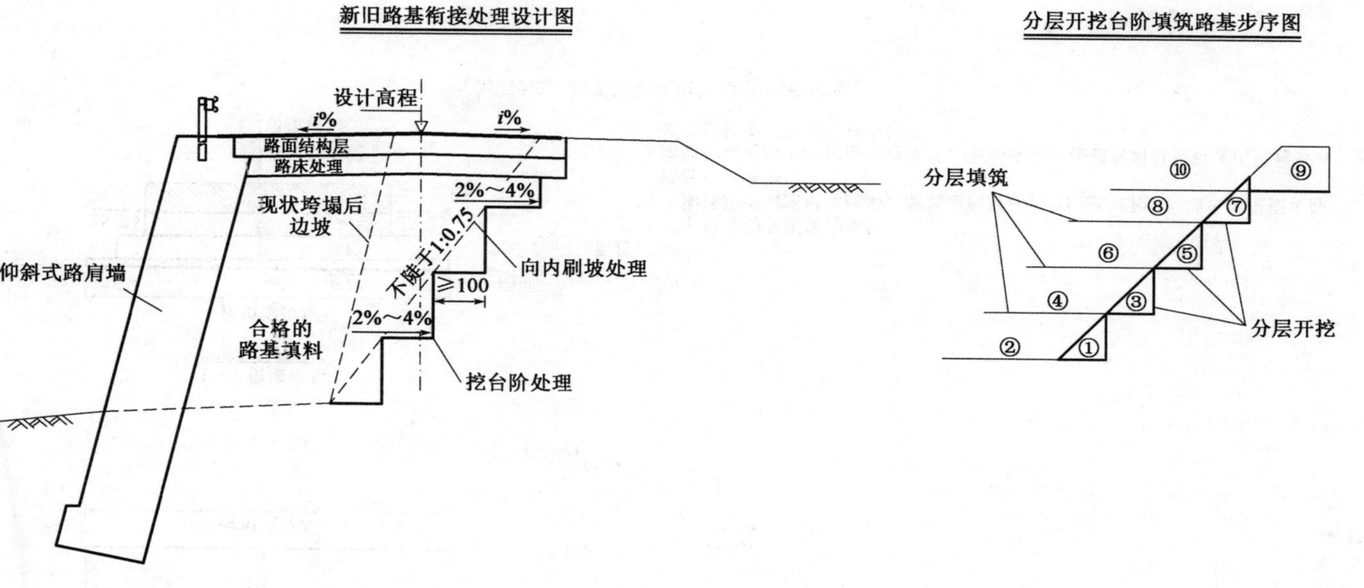

附注：

1.图中尺寸均以厘米为单位，i为路面横坡。

2.本图适用于路基水毁新旧路基衔接处理，具体措施为：合理选用路基防护措施，新旧路基衔接处挖台阶处理，台阶宽度不小于1m，向内倾斜2%～4%，若现状边坡陡直，先刷坡再挖台阶，并采用合格填料分层回填碾压。

3.路基填筑施工时由下至上开挖台阶，开挖一级及时填筑一级。其中每一级台阶开挖完成后，分层填筑碾压至原地面，然后开挖下一级台阶；依次开挖、填筑。

附图5.1　新旧路基衔接处理设计图示例

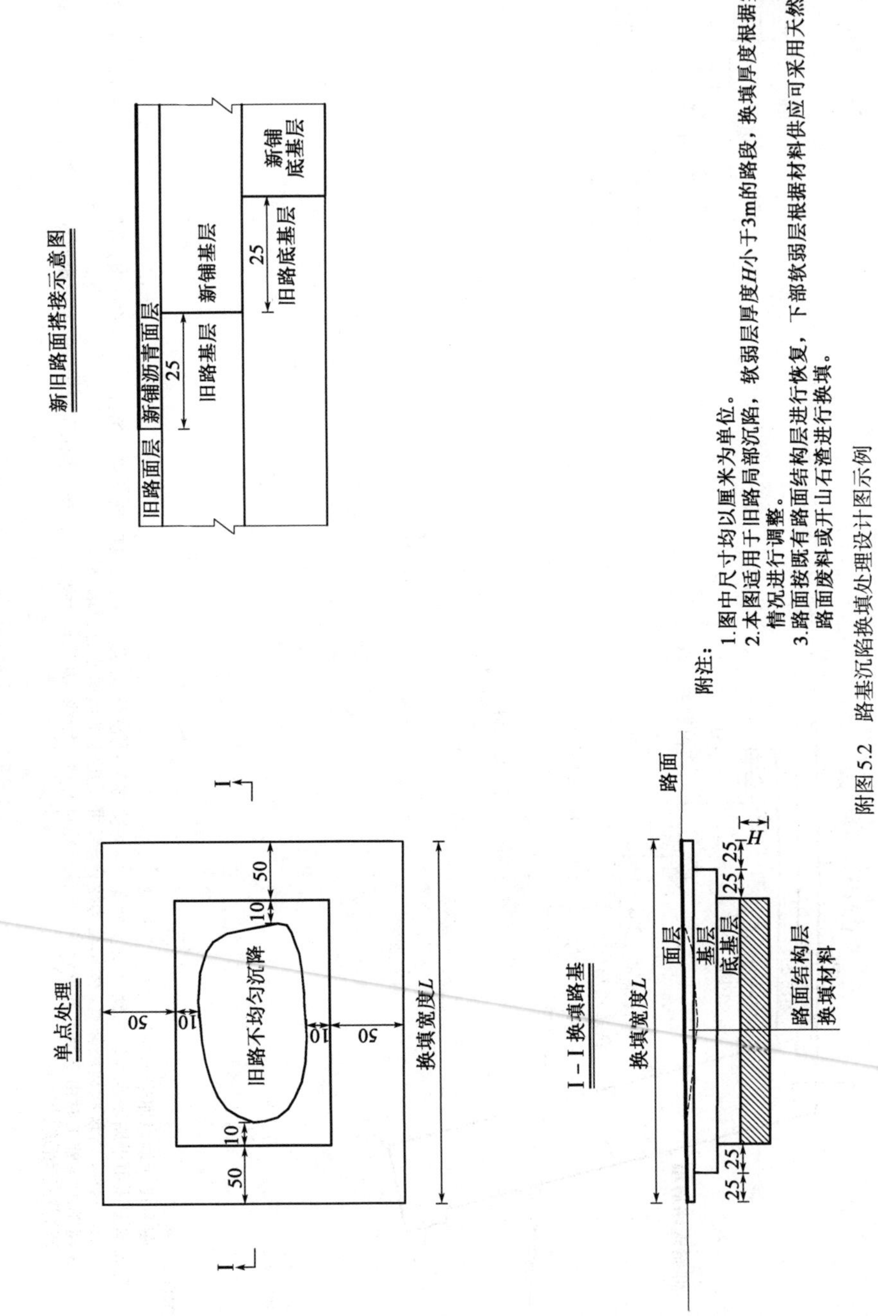

附注：

1.图中尺寸均以厘米为单位。

2.本图适用于旧路局部沉陷，软弱层厚度H小于3m的路段，换填厚度根据实际情况进行调整。

3.路面按既有路面结构层进行恢复，下部软弱层根据材料供应可采用天然砂砾、路面废料或开山石渣进行换填。

附图5.2　路基沉陷换填处理设计图示例

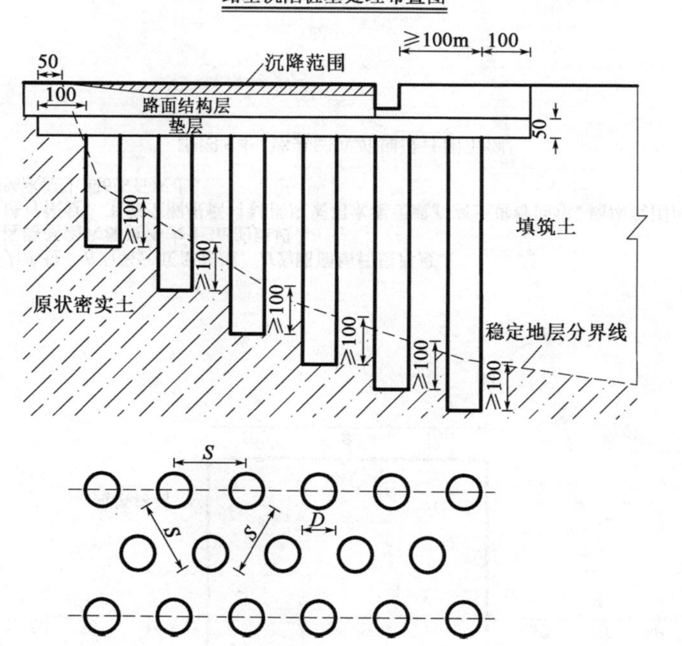

附注：

1.图中尺寸均以厘米为单位，D为桩径，S为桩距。
2.本图适用于软弱土层厚度大于4m的路基沉陷处理。
3.桩基宜采用水泥干拌碎石桩和灰土挤密桩处理，等边三角形布设。
4.水泥干拌碎石桩：桩径D=30～80cm，桩间距$S \leqslant 4D$；桩体所用碎石粒径不宜大于5cm，含泥量不应大于5%；水泥含量宜采用5%；垫层宜用中砂、粗砂、级配碎石和碎石等，粒料中小于5mm部分的含泥量不宜大于5%，厚度为30～50cm。
5.灰土挤密桩：桩径D=30～60cm，桩间距S宜为桩径的2～3倍；灰土填料、垫层消石灰与土的体积配合比宜为2:8或3:7，填料压实度不小于97%，垫层压实度不小于95%。
6.桩长应伸入原状密实土层不小于1m，最外侧桩距路基坡脚或边沟外侧的水平距离不小于1m。
7.垫层宽出最外侧桩1m。
8.成孔方法可选用振动沉管、锤击沉管、冲击或钻孔等。
9.成孔出现缩径塌孔时，可分次填入填料边冲击边将填料挤入孔壁及孔底。
10.施工前应进行成桩工艺和成桩挤密试验。

附图5.3　路基沉陷复合地基处理设计图示例

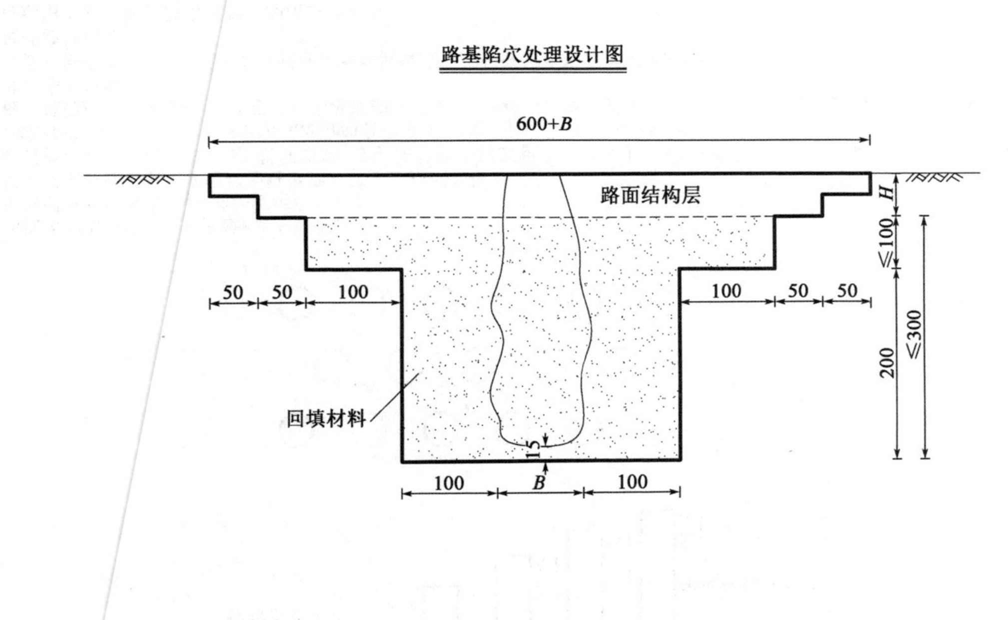

附注：

1.图中尺寸均以厘米为单位，B为陷穴底部宽度，H为路面结构层厚度。

2.本图适用于黄土地区路基陷穴深度不大于3m的路段。

3.路面按原有结构层进行恢复，下部空洞根据材料供应采用水泥土或石灰土进行回填。路床范围内采用5%水泥土或8%石灰土，其余范围采用3%水泥土或6%石灰土。

附图 5.4　路基陷穴处理设计图示例

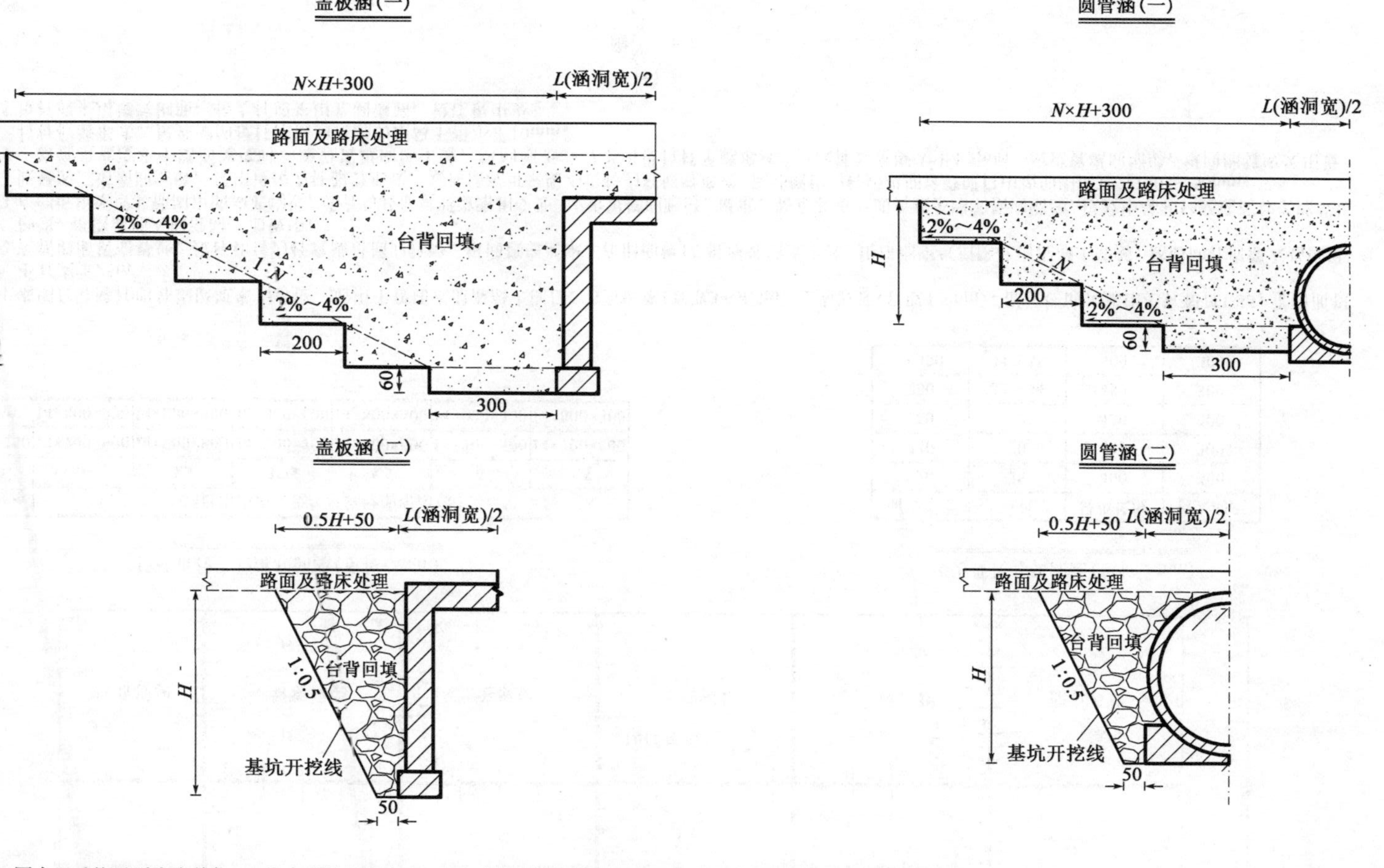

附注：

1.图中尺寸均以厘米为单位；H为台背处理高度；1:N为台背开挖坡度，二级及二级以上公路N取2，三级公路N取1。

2.当临近涵洞段路基冲毁或病害严重需进行处理且有条件开挖时，采用盖板涵(一)和圆管涵(一)处理方式。涵洞台后处理范围：每侧底部处理长度为3m，上部单侧处理长度为(N×H+3)m；换填材料宜采用透水性材料(天然砂砾、开山石渣等)、无机结合料稳定材料(5%水泥土、5%石灰土等)等。台背回填时，应在两涵台外侧对称回填，分层压实，压实机具采用小型振动夯或压路机进行，不得留有死角；涵顶回填在50cm内时，压路机禁止开动进行，压实度不小于96%。

3.当临近涵洞段路基均使用良好、涵台路基开挖受限且作业面狭窄时，采用盖板涵(二)和圆管涵(二)处理方式。涵洞台后处理范围：每侧底部处理长度为0.5m，上部单侧处理长度为(0.5H+0.5)m；可采用低强度等级混凝土、浆砌片石等材料回填。

4.台背回填应在结构物强度达到设计强度的75%以上时进行。

附图5.5　涵台路基处理设计图示例

新旧路面接缝布置实例

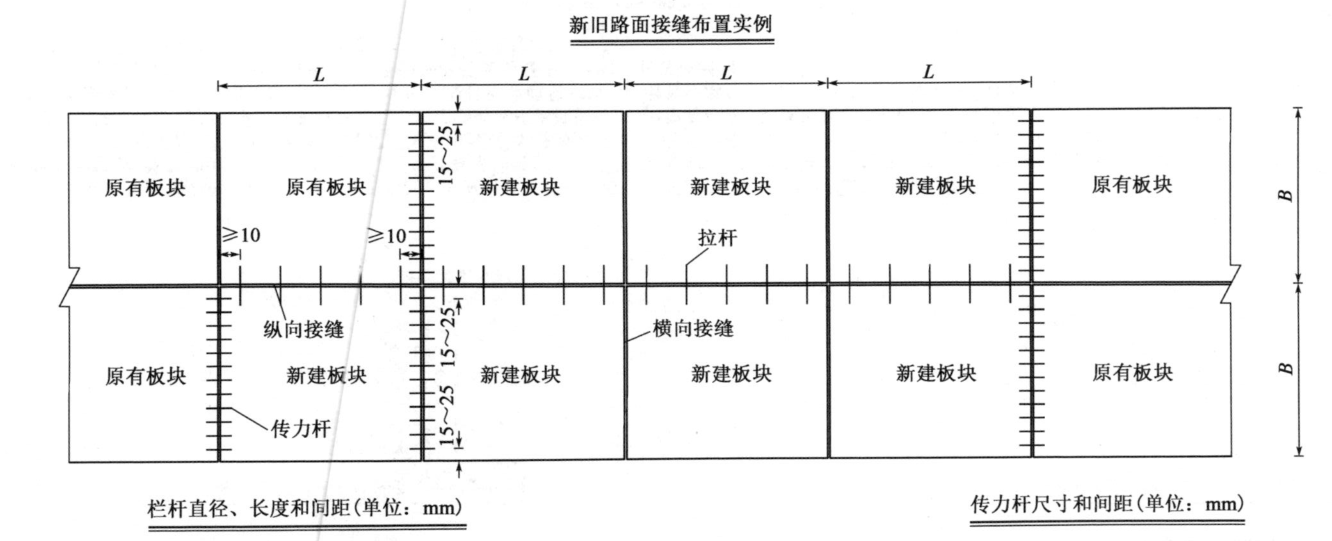

栏杆直径、长度和间距(单位：mm)

面层厚度(mm)	到自由边或未设拉杆纵缝的距离(m)					
	3	3.5	3.75	4.5	6	7.5
200～250	14×700×900	14×700×800	14×700×700	14×700×600	14×700×500	14×700×400
≥260	14×800×800	14×800×700	14×800×600	14×800×500	14×800×400	14×800×300

传力杆尺寸和间距(单位：mm)

面板厚度	直径	最小长度	最大间距
220	28	400	300
240	30	400	300
260	32	450	300
280	32～34	450	300
≥300	34～36	500	300

附注：

1.本图尺寸除注明外均以厘米为单位，适用于普通水泥混凝土面层，B为板宽(宜取3～4.5m)，L为板长(宜取4～6m)，面层板的长宽比不宜超过1.35，平面面积不宜大于25m^2。

2.在新旧面板交界处，拉杆和传力杆宜满足横向接缝、纵向接缝要求，在旧面板1/2板厚处钻水平孔，用压缩空气清除孔内混凝土碎屑，然后向孔内灌入高强度砂浆，将钢筋插入旧混凝土面板中。

3.在邻近桥梁或其他固定的构造物处，或者与其他重要道路相交处，应设置横向胀缝。极重、特重和重交通荷载公路的横向缩缝，以及中等和轻交通荷载公路临近胀缝的三道横向缩缝，采用设传力杆假缝形式；其他情况可采用不设传力杆假缝形式。最外侧传力杆距纵向接缝或自由边的距离宜为150～250mm。

4.一次铺筑宽度小于路面宽度时，应设置纵向施工缝，纵向施工缝应采用设拉杆平缝形式。一次铺筑宽度大于4.5m时，应设置纵向缩缝，纵向缩缝应采用设拉杆假缝形式。最外侧的拉杆距横向接缝的距离不得小于10mm。

5.拉杆应采用螺纹钢筋，传力杆应采用光圆钢筋，设在板中央。

a)

附图 6.1

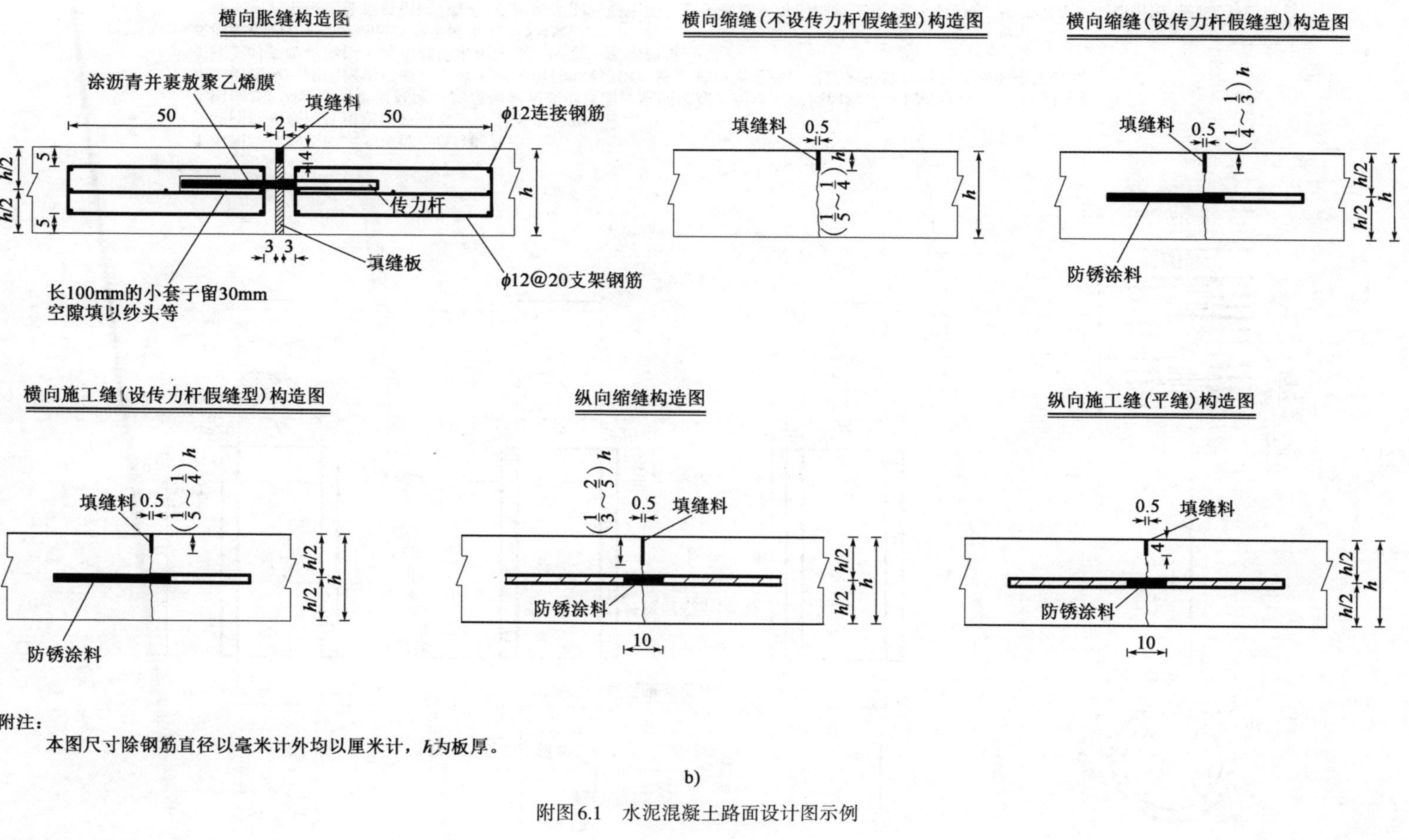

附注：

本图尺寸除钢筋直径以毫米计外均以厘米计，h为板厚。

b)

附图6.1　水泥混凝土路面设计图示例

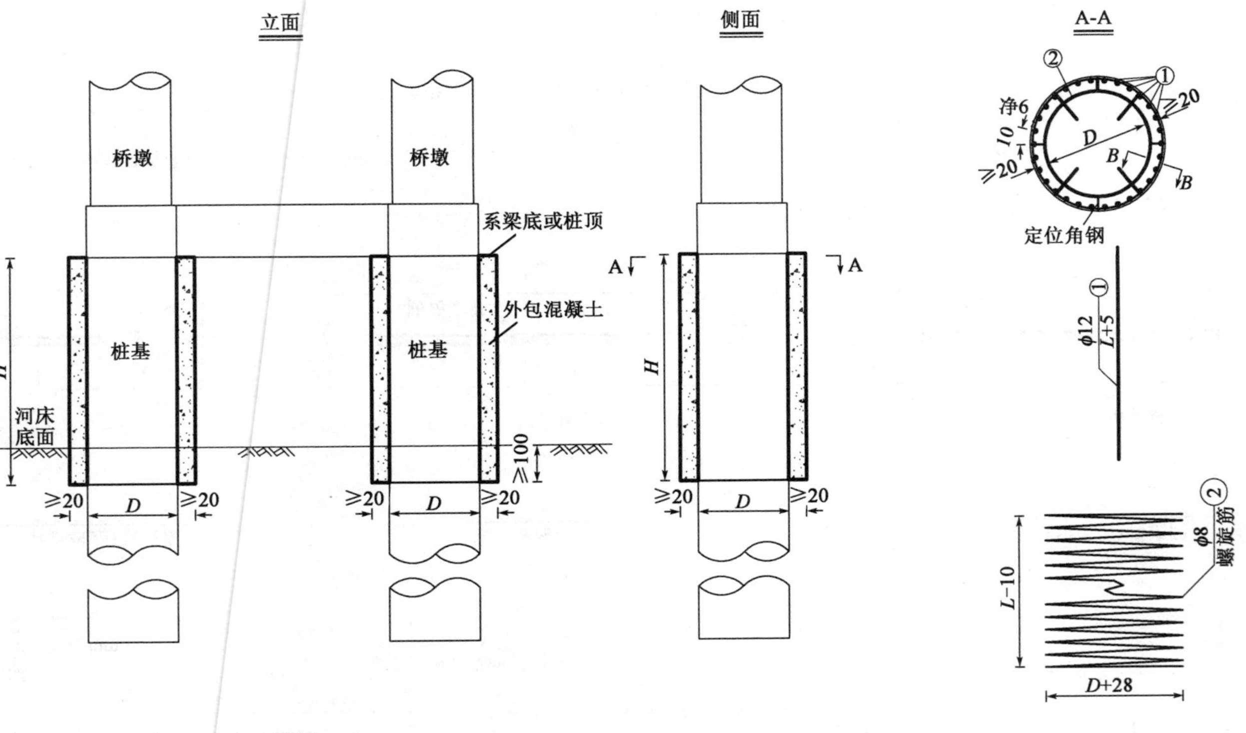

附注：

1.本图尺寸均以厘米为单位，D为桩直径。

2.加固桩基采用外用灌浆料填筑，厚度不小于20cm。

3.图中H值为灌浆料填筑高度，填筑顶面为系梁底面，底面应深入现状河床地面线以下100cm。

4.桩侧模板一般采用钢模板，定位钢筋采用100×4角钢；施工时顶紧桩基，保证钢护筒与桩基之间的位置。

5.施工时在桩基周围一边用高压水枪冲压，一边下放钢护筒。

6.桩基植筋孔径为18mm，上下两排间距为45cm。

7.桩基加固混凝土浇筑前凿除（凿毛）松散破损的混凝土层，直至露出新鲜的混凝土集料，再植筋、刷界面胶，提高新旧混凝土界面结合效果。

附图7.1　桩基外包加固设计图示例

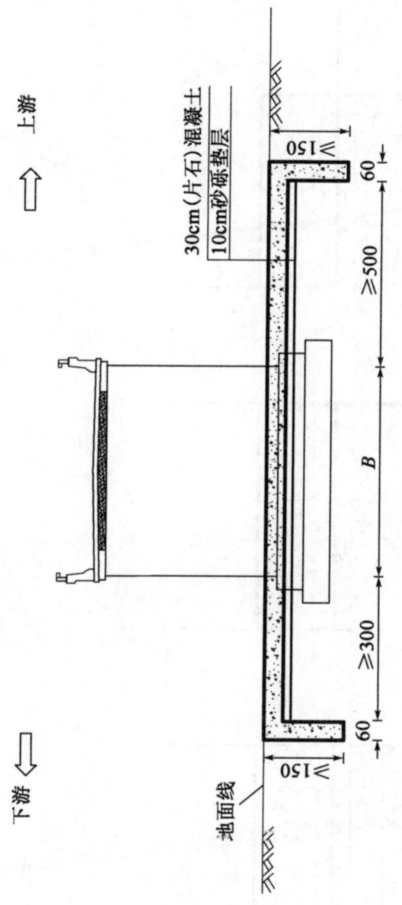

附注：

1.本图尺寸均以厘米计，*B*为桥梁台身或墩身宽度。

2.河床铺砌前应对河床进行清表调平。

附图 7.2　河床铺砌防护设计图示例

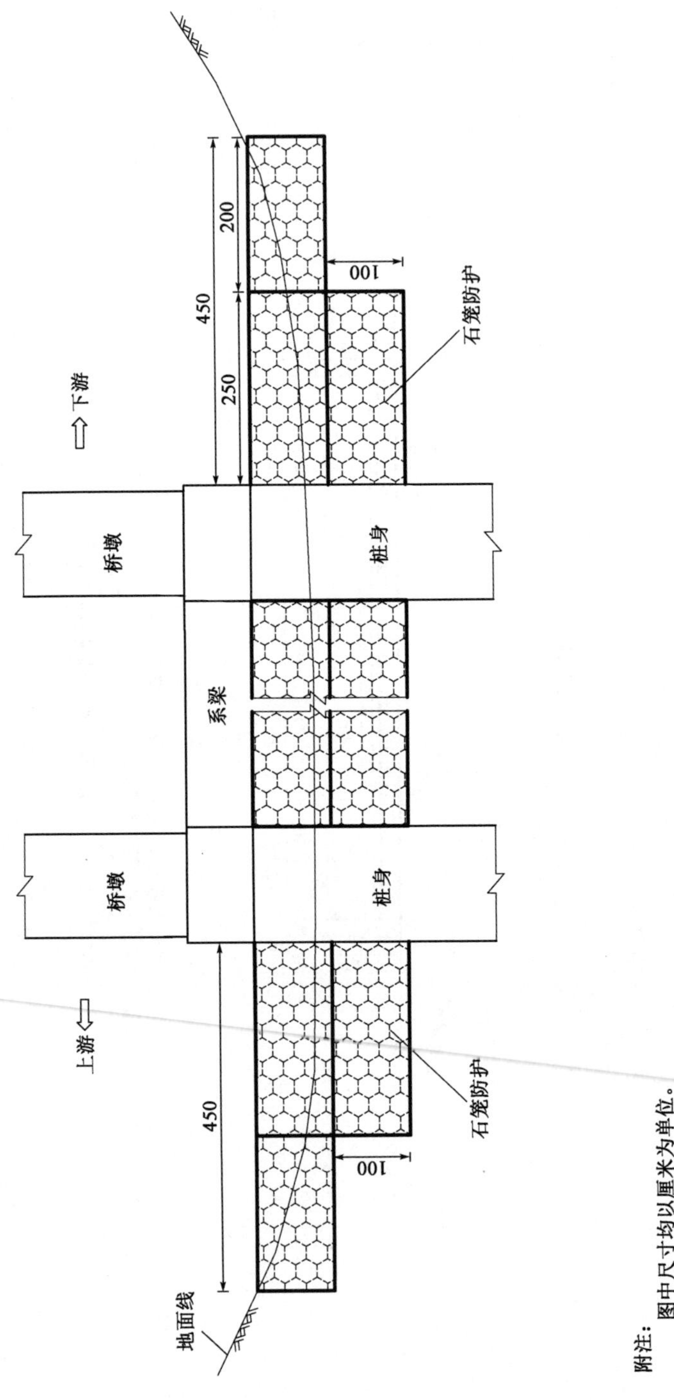

附图7.3　石笼冲坑回填设计图示例

附注：
图中尺寸均以厘米为单位。

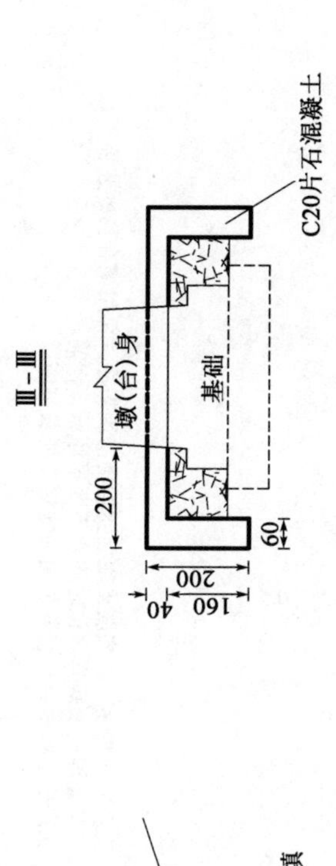

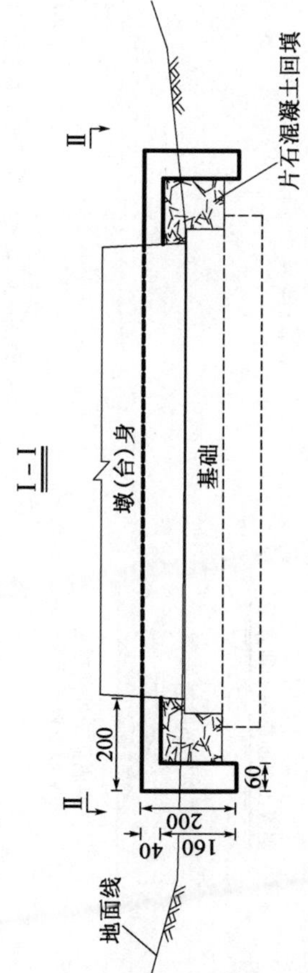

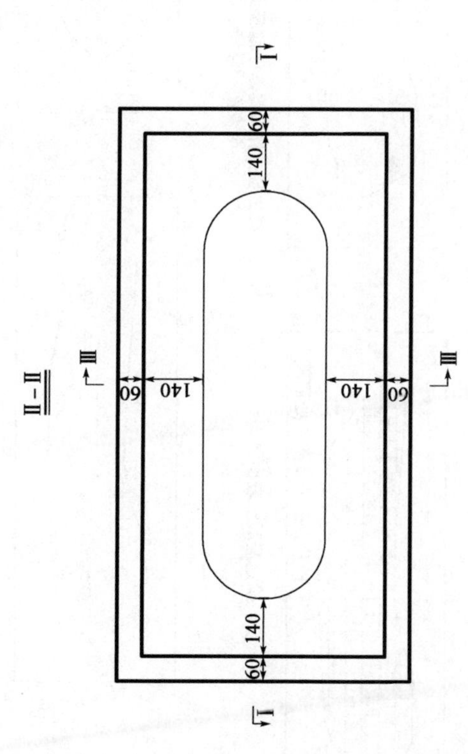

附注：

1.本图尺寸均以厘米计。

2.对基础护坦及冲坑回填均采用片石混凝土。

附图7.4　扩大基础护坦设计图示例

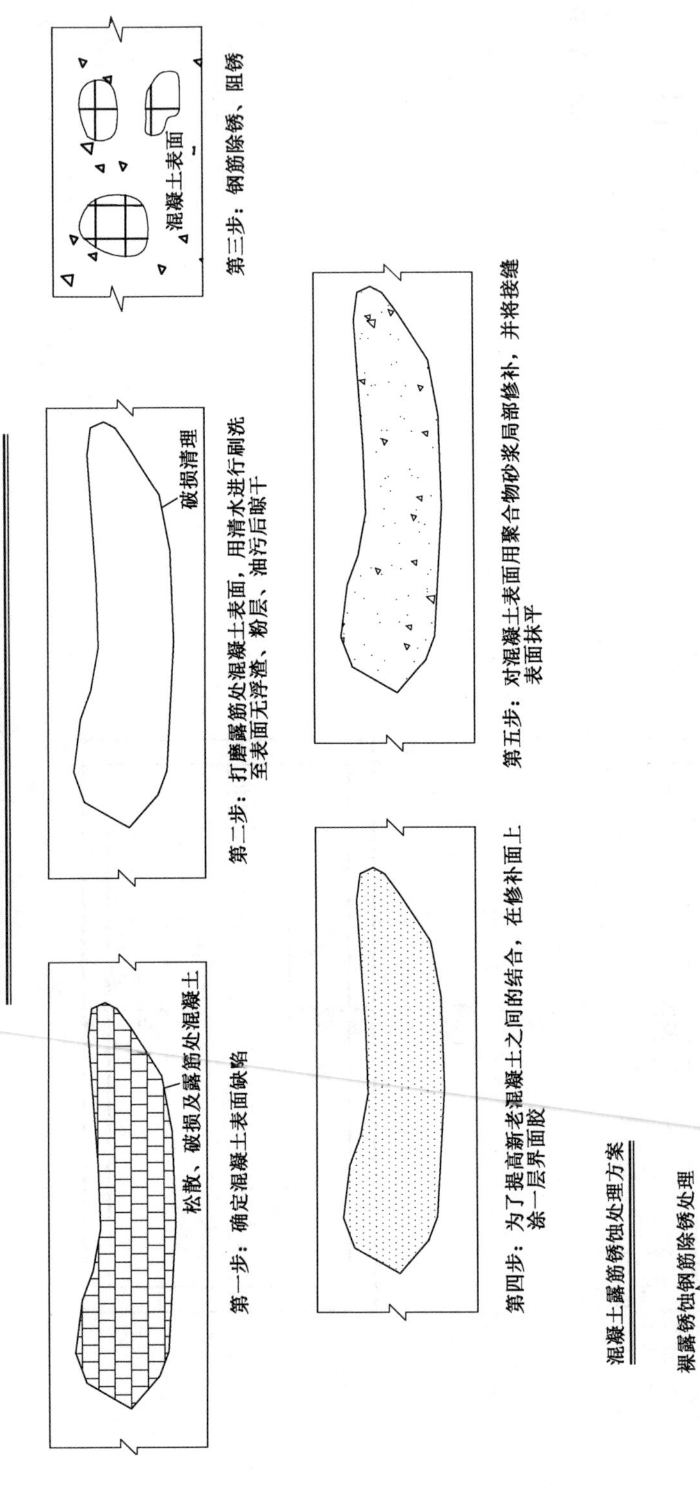

附注：

1.对外露钢筋，将混凝土表面锈蚀物清除干净，再用聚合物砂浆补平。
2.清理混凝土病害部位时注意不要损坏原有钢筋。
3.严格按照桥梁维修养护相关规定及要求实施。

附图 7.5　混凝土表面缺陷修复设计图示例

桥墩防撞布置示意图

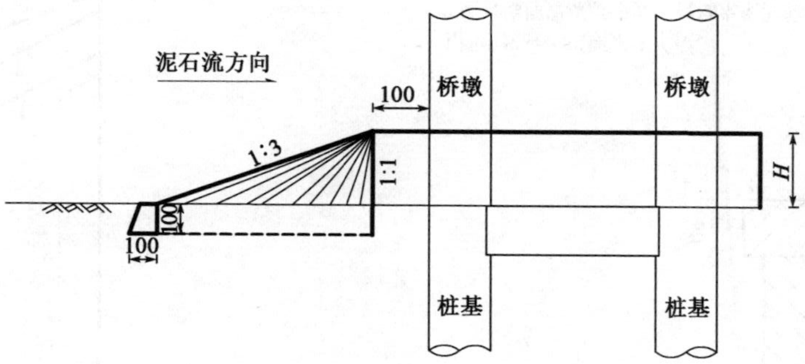

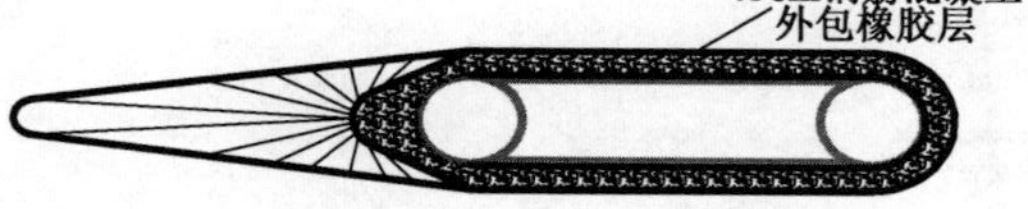

泥石流方向

附注：

1.本图尺寸均以厘米计。

2.混凝土表面设ϕ8钢筋网片，间距10cm。

附图7.6　桥墩防撞防护图示例

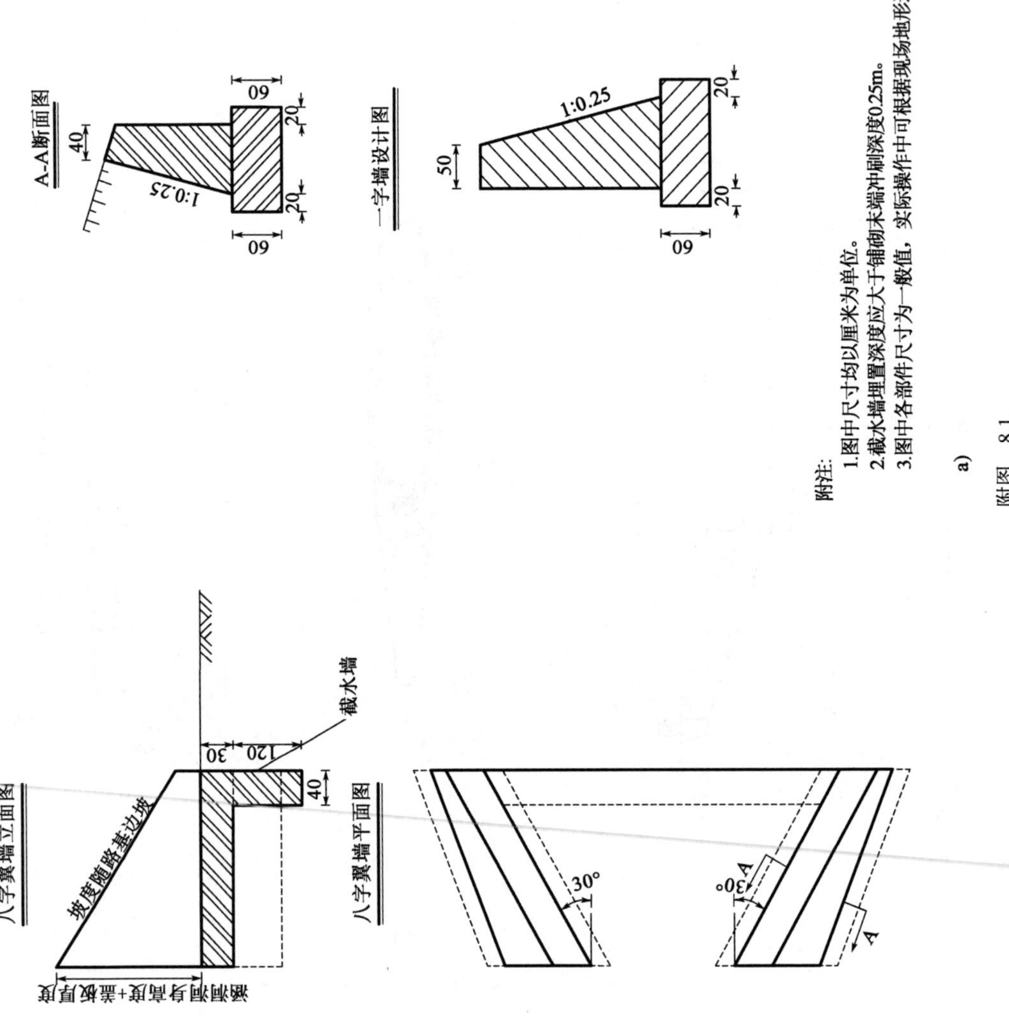

附注：

1.图中尺寸均以厘米为单位。

2.截水墙埋置深度应大于铺砌末端冲刷深度0.25m。

3.图中各部件尺寸为一般值，实际操作中可根据现场地形适当调整。

a)

附图 8.1

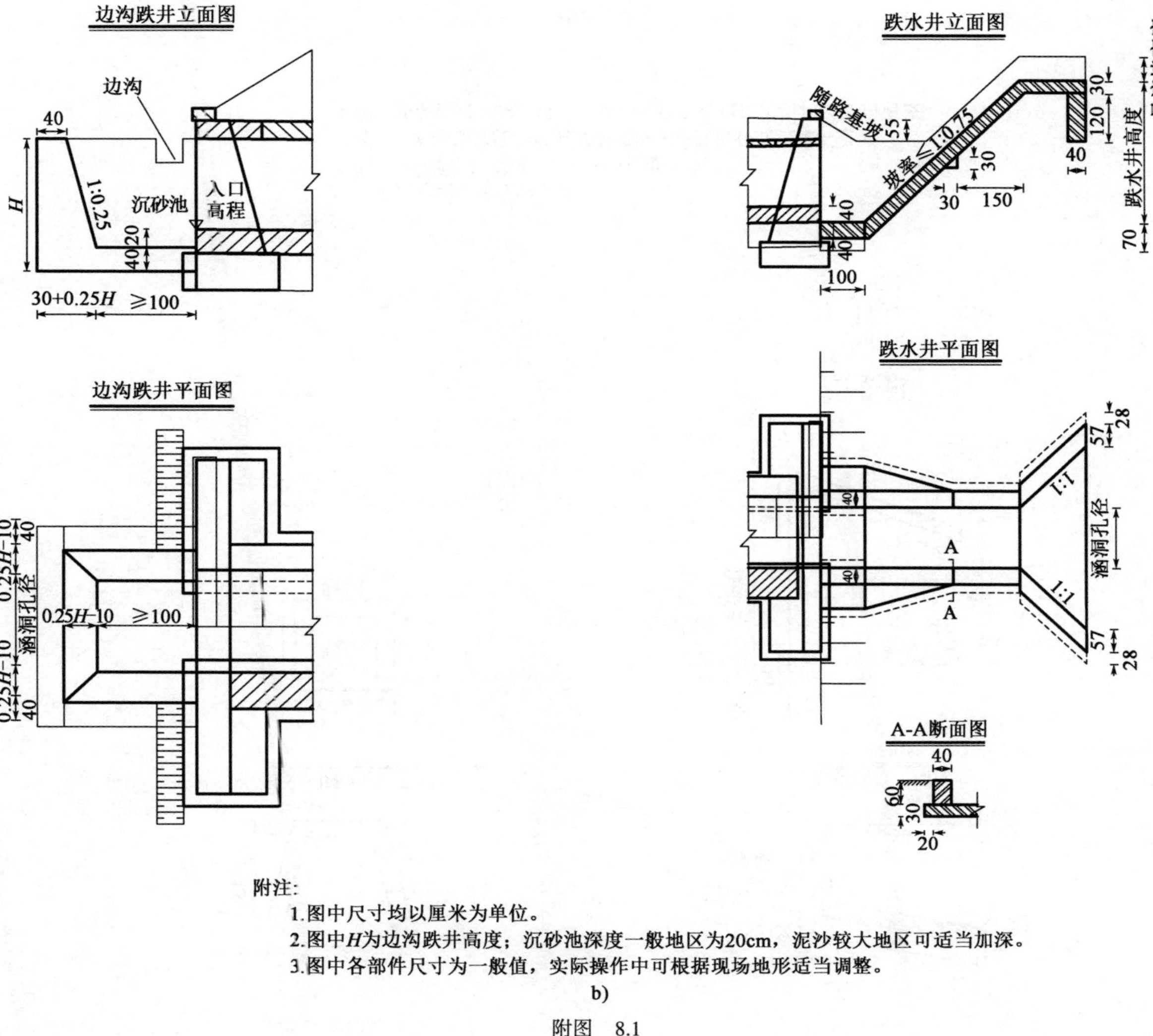

附注:

1.图中尺寸均以厘米为单位。

2.图中H为边沟跌井高度；沉砂池深度一般地区为20cm，泥沙较大地区可适当加深。

3.图中各部件尺寸为一般值，实际操作中可根据现场地形适当调整。

b)

附图　8.1

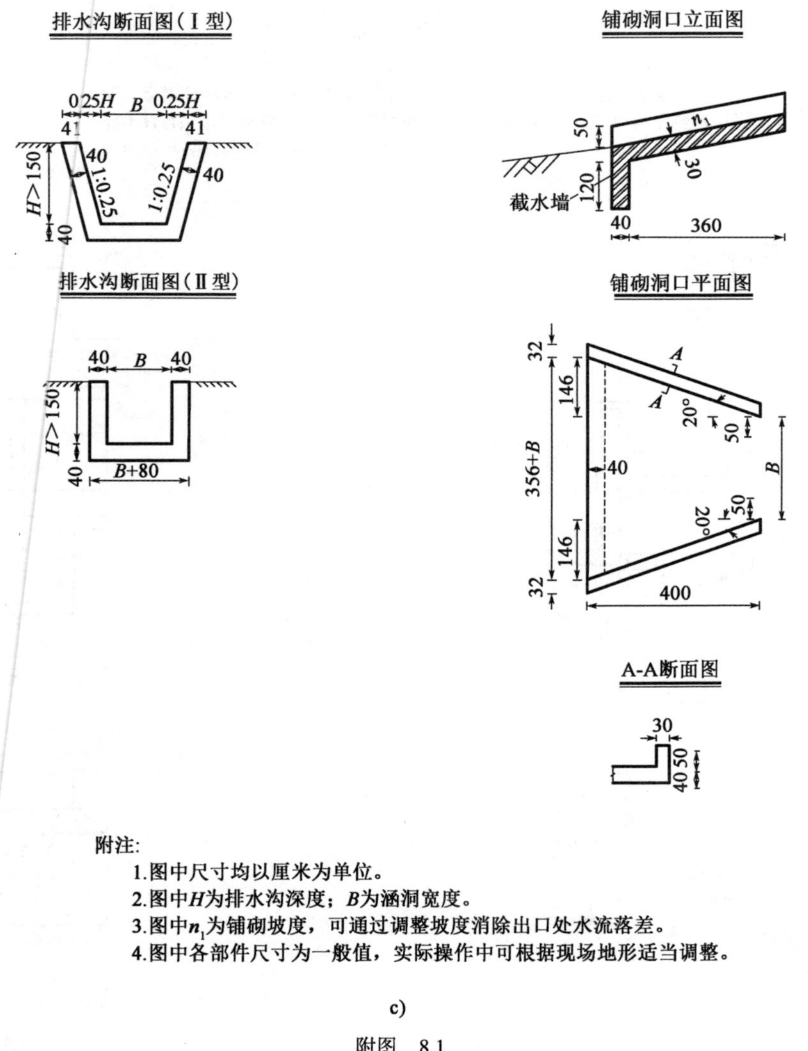

附注:

1.图中尺寸均以厘米为单位。

2.图中H为排水沟深度；B为涵洞宽度。

3.图中n_1为铺砌坡度，可通过调整坡度消除出口处水流落差。

4.图中各部件尺寸为一般值，实际操作中可根据现场地形适当调整。

c)

附图　8.1

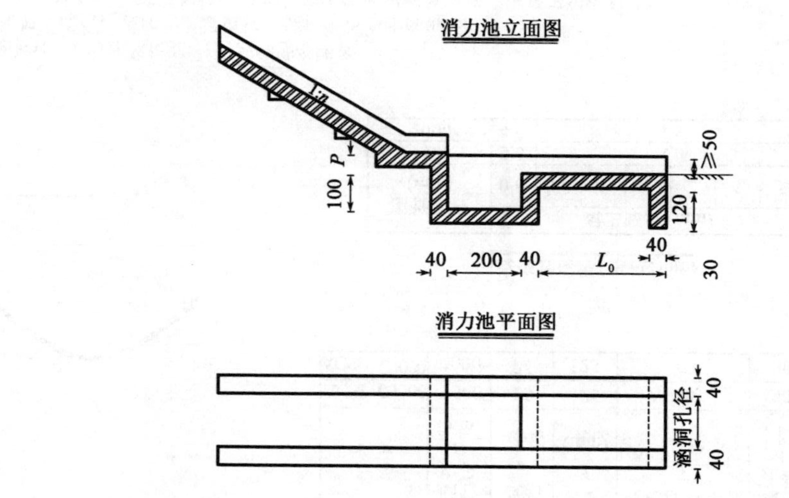

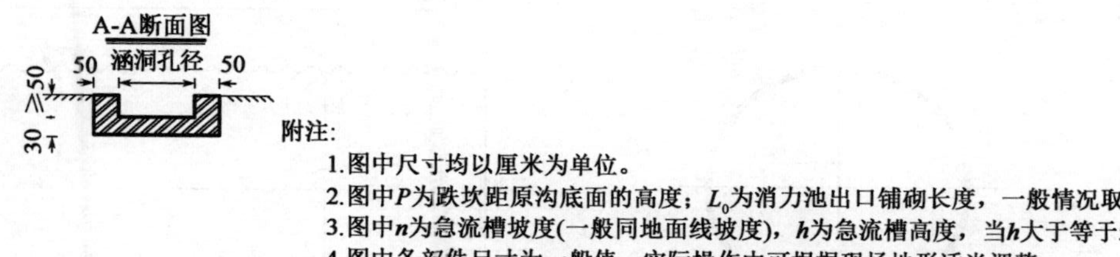

附注:

1.图中尺寸均以厘米为单位。

2.图中P为跌坎距原沟底面的高度；L_0为消力池出口铺砌长度，一般情况取1.5m。

3.图中n为急流槽坡度(一般同地面线坡度)，h为急流槽高度，当h大于等于5m时出口需增设消力措施。

4.图中各部件尺寸为一般值，实际操作中可根据现场地形适当调整。

d)

附图8.1　涵洞洞口设计图示例

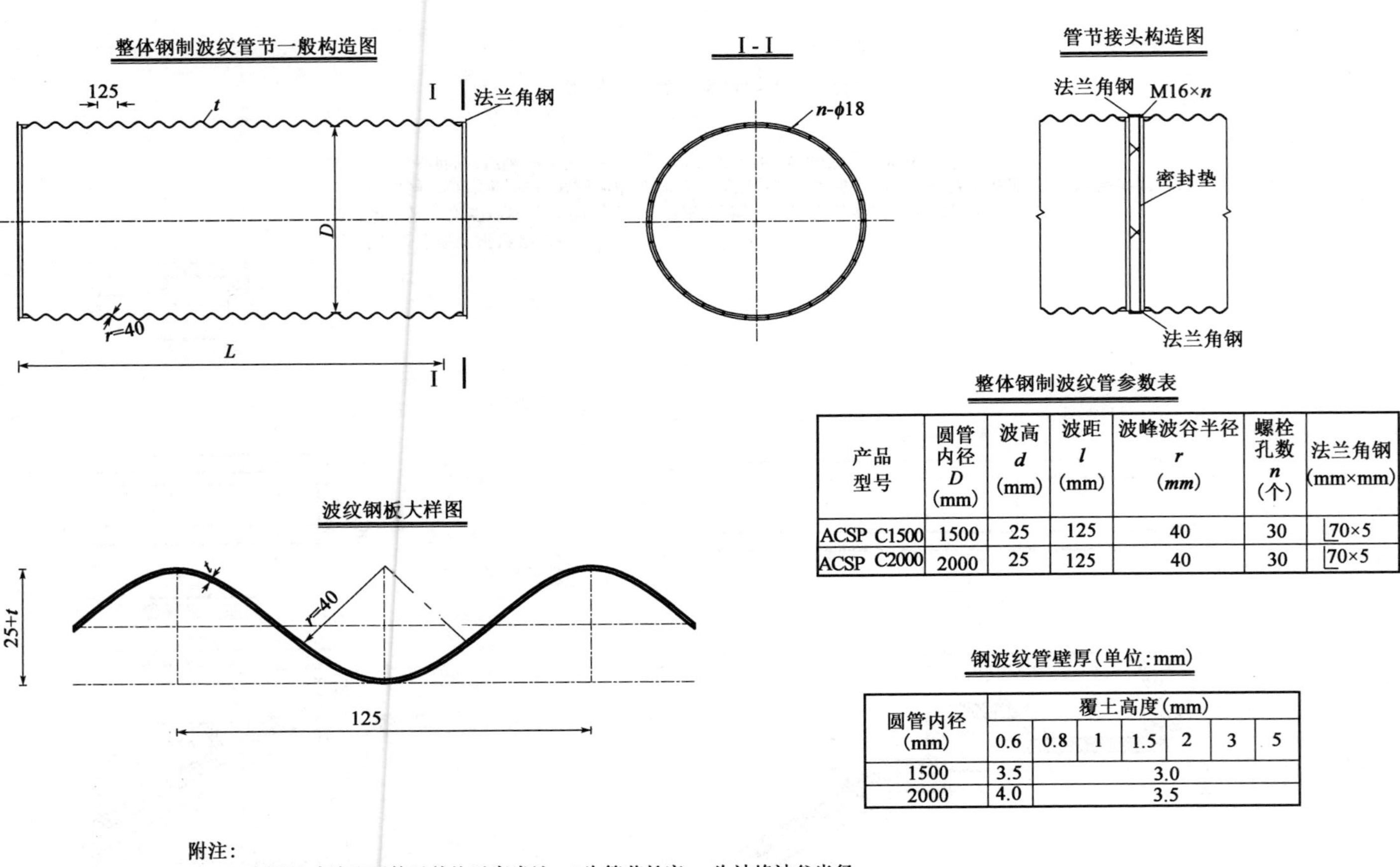

整体钢制波纹管参数表

产品型号	圆管内径 D (mm)	波高 d (mm)	波距 l (mm)	波峰波谷半径 r (mm)	螺栓孔数 n (个)	法兰角钢 (mm×mm)
ACSP C1500	1500	25	125	40	30	∟70×5
ACSP C2000	2000	25	125	40	30	∟70×5

钢波纹管壁厚(单位:mm)

圆管内径(mm)	覆土高度(mm)						
	0.6	0.8	1	1.5	2	3	5
1500	3.5	3.0					
2000	4.0	3.5					

附注:

1.本图尺寸除注明的以外均以毫米计,L为管节长度,r为波峰波谷半径。

2.波纹钢管管材用Q235热轧钢板加工成型,表面为热浸镀锌,镀锌量不小于600g/m²。

3.整装波纹涵管一般每节管的长度为3~3.2m,两端焊接法兰盘,施工现场用螺栓连接,密封采用密封垫。

4.产品执行交通行业标准《公路涵洞通道用波纹钢管(板)》(JT/T 791—2010)。

附图 8.2　钢波纹管设计图示例

参考文献

[1] 中华人民共和国交通运输部.公路工程技术标准:JTG B01—2014[S].北京:人民交通出版社股份有限公司,2015.

[2] 中华人民共和国交通运输部.公路路基设计规范:JTG D30—2015[S].北京:人民交通出版社股份有限公司,2015.

[3] 中华人民共和国交通运输部.公路软土地基路堤设计与施工技术细则:JTG/T D31-02—2013[S].北京:人民交通出版社,2013.

[4] 中华人民共和国交通运输部.公路排水设计规范:JTG/T D33—2012[S].北京:人民交通出版社,2012.

[5] 中华人民共和国交通运输部.公路路基施工技术规范:JTG/T 3610—2019[S].北京:人民交通出版社股份有限公司,2019.

[6] 中华人民共和国交通运输部.公路路基养护技术规范:JTG 5150—2020[S].北京:人民交通出版社股份有限公司,2020.

[7] 中华人民共和国交通运输部.公路涵洞设计规范:JTG/T 3365-02—2020[S].北京:人民交通出版社股份有限公司,2020.

[8] 中华人民共和国交通运输部.公路桥涵养护规范:JTG 5120—2021[S].北京:人民交通出版社股份有限公司,2021.

[9] 中华人民共和国交通运输部.公路水泥混凝土路面设计规范:JTG D40—2011[S].北京:人民交通出版社,2011.

[10] 中华人民共和国交通运输部.公路水泥混凝土路面施工技术细则:JTG/T F30—2014[S].北京:人民交通出版社,2014.

[11] 中华人民共和国交通运输部.公路沥青路面施工技术规范:JTG F40—2004[S].北京:人民交通出版社,2004.

[12] 中华人民共和国交通运输部.公路路面基层施工技术细则:JTG/T F20—2015[S].北京:人民交通出版社股份有限公司,2015.

[13] 交通运输部路网监测与应急处置中心.自然灾害风险公路防治工程实施技术指南[M].北京:人民交通出版社股份有限公司,2023.

[14] 舒森,李家春,朱钰,等.陕西省公路灾害防治技术指南[M].北京:人民交通出版社,2009.

[15] 甘肃省公路局,甘肃省交通科学研究院集团有限公司,陇南公路局,等.甘肃省公路水毁灾后恢复重建工程技术指南[M].北京:人民交通出版社股份有限公司,2021.

附录

陕西省普通干线公路防汛和水毁修复工作管理办法

陕交发〔2024〕35号

第一章　总　　则

第一条　为加强汛期全省普通干线公路养护管理，做好普通干线公路防汛抢通和水毁修复工作，建立健全“汛前预防、汛中保通、及时修复”的程序化、规范化、常态化公路防汛工作机制，依据有关法律、法规和规定，制定本办法。

第二条　普通干线公路是指除高速公路以外的国道、省道。本办法适用于全省普通干线公路防汛抢通和水毁修复工作。

第三条　普通干线公路防汛工作坚持“以人为本、安全第一、预防为主、防治结合”的指导方针，坚持“统一领导，分级负责”，公路水毁发生后，应按照“先抢通、后修复，先国道、后省道，先重点、后一般”的工作原则，努力实现“即堵即抢、即抢即通，确保安全、及时修复”的目标。

第四条　省交通运输厅主管全省普通干线公路防汛工作。省公路局承担全省普通干线公路防汛行业管理的事务性工作。

各市交通运输局主管所辖普通干线公路防汛工作，是市级管养的普通干线公路防汛工作的责任主体。各市公路局、各市交通运输局下属收费公路经营管理单位是市级管养的普通干线公路防汛工作的实施主体。

各县（区）交通运输局是县级管养的普通干线公路防汛工作的责任主体。陕西交控集团、各收费公路经营公司是所辖普通干线公路防汛工作的责任主体。

第二章　防 汛 抢 通

第五条　汛前，各防汛工作的责任主体和实施主体要提前落实防汛抢险人员，备足防汛物资和设备，完善防汛应急预案，开展防汛应急演练，加强季节性和预防性养护，开展路基、桥梁、隧道及公路沿线设施隐患集中排查，对损坏或存在安全隐患的公路设施及时修复，做好公路水毁预防工作。省公路局汛前要对全省普通干线公路防汛工作准备情况进行检查指导。

第六条　进入主汛期，各防汛工作的实施主体要加大上路巡查力度，加强公路及时性养护，以清理排水系统、修复防护设施和抢通公路水毁阻断为重点，对公路排水设施、路基防护、桥梁及桥梁上下游、隧道进出口边仰坡等结构物和易发生水毁的路段加大巡查、重点监测，做到隐患险情及时发现、及时处理、及时排除。

第七条　普通干线公路发生水毁导致的交通中断，各防汛工作的责任主体和实施主体应迅速组织开展公路防汛抢通工作，在确保安全的前提下，原则上水毁导致的交通中断应在12小时内抢通。水毁路段抢通后、修复前，要采取设立必要的警示警告标志等安全措施，保证行车安全。

第八条　公路防汛突发事件达到公路防汛应急预案响应级别时，应根据权限迅速启动相应等级的公路防汛应急响应，在保证安全的前提下最大程度压缩抢通时间。灾情特别严重、需要有关应急力量支援时，各防汛工作的责任主体要及时向上级公路防汛应急指挥机构提出请求，上级公路防汛应急指挥机构要视情况调拨相关应急抢险队伍、物资和设备，邀请业内专家，给予全力支持。

第九条　各单位要明确专门部门和人员负责水毁信息统计，及时将水毁信息上报至交通运输部建设的自然灾害综合风险交通行业数据库，水毁信息报送情况将作为省厅安排水毁抢通资金和水毁修复资金的重要依据。汛期普通干线公路的路况信息采集、报送、发布和路网运行调度，按照省厅有关规定执行。

第三章　水 毁 修 复

第十条　普通干线公路水毁修复工作以公路设施恢复到原有技术标准和服务水平为主，同时兼顾完善公路防护和排水系统，适度提高防灾抗灾能力，保证设计洪水频率下不再发生水毁。水毁修复工程分为一般水毁和重大水毁修复工程，单个项目建安费大于50万元为重大水毁修复工程，其余项目为一般水毁修复工程。

第十一条　因降雨或洪水冲刷导致普通干线公路路基、路面、桥涵、隧道、防护、排水、安防及沿线附属设施等发生损毁，单处损失超过小修保养范围的，视为水毁修复工程。

已交工验收的路网新改建工程项目，尚处在质量缺陷责任期的，不得列入水毁修复工程。清理路基塌方、泥石流、抢修便道等应急抢通工程，不得列入水毁修复工程。已实施水毁修复路段又发生同类型水毁的，不再列入水毁修复工程。已列入年度计划且已开工的路网新改建工程项目，不再列入水毁修复工程。

第十二条　普通干线公路水毁修复工程施工图设计文件，应按照权限做好审批（审定）工作。其中，市级管养的非收费普通干线公路水毁修复工程，由市公路局编制施工图设计文件报省公路局审定；市级管养的收费普通干线公路和企业管养的普通干线公路水毁修复工程，施工图设计文件由各责任主体自行审批（审定）；县级管养的普通干线公路水毁修复工程，施工图设计文件由市交通运输局决定审批（审定）权限。

省公路局于每年10月下旬开始，对市级管养的非收费普通干线公路水毁修复工程开展集中现场核查审查；一般水毁修复工程重点核查修复内容和工程量；重大水毁修复工程组织专家对施工图设计进行审查，核查审查情况经省交通运输厅同意后予以审定，审定结果报备省交通运输厅。对存在安全隐患且对社会经济发展有严重影响的重大水毁修复工程，省公路局应及时组织专家对施工图设计进行审查，审查情况经省交通运输厅同意后予以审定，审定结果报备省交通运输厅。

第十三条 普通干线公路水毁修复工作应在汛情基本稳定时及时启动,要逐处建立水毁修复档案,明确水毁位置、水毁现状、修复方案、工程量和造价等内容,并附对应位置水毁修复前后的现场照片。市级管养的非收费普通干线公路水毁修复项目信息及时上报至陕西省公路养护管理系统水毁管理模块中。

第十四条 普通干线公路水毁修复工程按类别限期完成。一般水毁修复工程原则上从发生之日起30天内完成修复。重大水毁修复工程应根据审批(审定)明确的时限完成修复。

第十五条 水毁修复工程实行质量责任终身制,各从业单位和人员,按照国家法律法规和有关规定承担相应的质量责任。

第十六条 各防汛工作的责任主体要加强所辖普通干线公路水毁修复工程管理,组织质量监督机构或质量检测单位对水毁修复工程项目开展质量监督,工程完工后及时组织竣工验收。省公路局要加强市级管养的非收费普通干线公路水毁修复工程施工质量、进度的监督检查,对重大水毁修复工程进行专项抽查,及时掌握工程进展。

第四章　资金筹措及使用

第十七条 普通干线公路防汛抢通资金主要由各责任主体筹措落实。省交通运输厅对市级管养的非收费普通干线公路防汛抢通工作予以资金补助,每年安排省级公路防汛专项资金,专项用于市级管养的非收费普通干线公路汛期水毁抢通、防汛应急演练、抢险物资储备、抢险设备维护等工作补助。

第十八条 普通干线公路水毁修复资金,市级管养的非收费普通干线公路主要通过争取中省交通资金安排,其余普通干线公路由各责任主体自行筹措落实。市级管养的非收费普通干线公路水毁修复工程建议计划,由省公路局于当年12月底前报送省交通运输厅;省交通运输厅将根据资金预算情况,下达水毁修复投资计划。

第十九条 各单位要加强资金监管,严格财务管理,保证水毁抢通和修复资金专款专用。

第五章　附　　则

第二十条 省公路局要在每年汛期不定期进行检查抽查,对因日常养护管理和汛前预防工作不到位导致普通干线公路发生重大水毁,因防汛抢通工作不及时造成安全生产事故或引起不良社会影响,以及水毁修复工程实施后同等强度灾情又发生类似水毁的,及时督促整改并上报省交通运输厅,省交通运输厅将严格追究相关单位和负责人责任。各市交通运输局、各县(区)交通运输局、陕西交控集团、各收费公路经营公司也要加强所辖普通干线公路防汛工作的督导检查,督促提升所辖普通干线公路防汛抢通和水毁修复工作水平。

第二十一条 本办法自印发之日起施行。《陕西省交通运输厅关于印发〈陕西省普通干线公路防汛和水毁修复工作管理办法(试行)〉的通知》(陕交发〔2014〕551号)同时废止。以前有关规定与本办法不符的,以本办法为准。